PRISÃO EM FLAGRANTE

Uma crítica a partir da institucionalização
da audiência de custódia no Brasil

PAULO RICARDO AGUIAR DE DEUS

Prefácio
Antonio Henrique Graciano Suxberger

PRISÃO EM FLAGRANTE

Uma crítica a partir da institucionalização
da audiência de custódia no Brasil

Belo Horizonte

2023

© 2023 Editora Fórum Ltda.

É proibida a reprodução total ou parcial desta obra, por qualquer meio eletrônico, inclusive por processos xerográficos, sem autorização expressa do Editor.

Conselho Editorial

Adilson Abreu Dallari
Alécia Paolucci Nogueira Bicalho
Alexandre Coutinho Pagliarini
André Ramos Tavares
Carlos Ayres Britto
Carlos Mário da Silva Velloso
Cármen Lúcia Antunes Rocha
Cesar Augusto Guimarães Pereira
Clovis Beznos
Cristiana Fortini
Dinorá Adelaide Musetti Grotti
Diogo de Figueiredo Moreira Neto (in memoriam)
Egon Bockmann Moreira
Emerson Gabardo
Fabrício Motta
Fernando Rossi
Flávio Henrique Unes Pereira

Floriano de Azevedo Marques Neto
Gustavo Justino de Oliveira
Inês Virgínia Prado Soares
Jorge Ulisses Jacoby Fernandes
Juarez Freitas
Luciano Ferraz
Lúcio Delfino
Marcia Carla Pereira Ribeiro
Márcio Cammarosano
Marcos Ehrhardt Jr.
Maria Sylvia Zanella Di Pietro
Ney José de Freitas
Oswaldo Othon de Pontes Saraiva Filho
Paulo Modesto
Romeu Felipe Bacellar Filho
Sérgio Guerra
Walber de Moura Agra

FÓRUM
CONHECIMENTO JURÍDICO

Luís Cláudio Rodrigues Ferreira
Presidente e Editor

Coordenação editorial: Leonardo Eustáquio Siqueira Araújo
Aline Sobreira de Oliveira

Rua Paulo Ribeiro Bastos, 211 – Jardim Atlântico – CEP 31710-430
Belo Horizonte – Minas Gerais – Tel.: (31) 99412.0131
www.editoraforum.com.br – editoraforum@editoraforum.com.br

Técnica. Empenho. Zelo. Esses foram alguns dos cuidados aplicados na edição desta obra. No entanto, podem ocorrer erros de impressão, digitação ou mesmo restar alguma dúvida conceitual. Caso se constate algo assim, solicitamos a gentileza de nos comunicar através do *e-mail* editorial@editoraforum.com.br para que possamos esclarecer no que couber. A sua contribuição é muito importante para mantermos a excelência editorial. A Editora Fórum agradece a sua contribuição.

Dados Internacionais de Catalogação na Publicação (CIP) de acordo com ISBD

D486p	Deus, Paulo Ricardo Aguiar de
	Prisão em flagrante: uma crítica a partir da institucionalização da audiência de custódia no Brasil / Paulo Ricardo Aguiar de Deus. – Belo Horizonte : Fórum, 2023.
	133 p. ; 14,5cm x 21,5cm
	Inclui bibliografia.
	ISBN: 978-65-5518-443-3
	1. Direito Processual Penal. 2. Direito Constitucional. 3. Direito Internacional Público. I. Título.
2022-2185	CDD: 345
	CDU: 343

Elaborado por Odilio Hilario Moreira Junior – CRB-8/9949

Informação bibliográfica deste livro, conforme a NBR 6023:2018 da Associação Brasileira de Normas Técnicas (ABNT):

DEUS, Paulo Ricardo Aguiar de. *Prisão em flagrante*: uma crítica a partir da institucionalização da audiência de custódia no Brasil. Belo Horizonte: Fórum, 2023. 133 p. ISBN 978-65-5518-443-3.

Dedico esta obra à minha família, em especial à minha avó Eunice, fonte de inspiração e determinação inesgotáveis. Dedico-a ainda a todos os atores da justiça criminal, que se esmeram diuturnamente para concretizar da melhor maneira possível seu mister, que cobra um preço extremamente alto, mas que raramente é reconhecido.

Agradecimento

Agradeço imensamente a meu mentor e professor Antonio Suxberger pelas valiosas lições compartilhadas e pela excelência com que se dedica ao magistério. Esta obra jamais teria sido possível sem sua contribuição e dedicação constantes. Obrigado!

Não há justificativa para a crença de que, enquanto o poder é conferido pelo processo democrático, ele não pode ser arbitrário. Não é a fonte, mas a limitação do poder que impede que ele seja arbitrário.
F. A. Hayek

SUMÁRIO

PREFÁCIO

Antonio Henrique Graciano Suxberger 13

INTRODUÇÃO 17

CAPÍTULO 1

A ORIGEM DA CRISE DE IDENTIDADE DO FLAGRANTE DELITO
NO BRASIL 27

1.1   Do nascimento da prisão em flagrante como ato jurisdicional
até sua cristalização como ato de natureza administrativa 28

1.2   Conflito de intenções: a prisão em flagrante se encontra com a
Constituição de 1988 38

CAPÍTULO 2

DIREITO DE APRESENTAÇÃO COMO UMA CONQUISTA
INTERNACIONAL DOS DIREITOS HUMANOS 47

2.1   A norma internacional como parâmetro para um arranjo
coerente 51

2.1.1   Flagrante na Corte Europeia de Direitos Humanos e na União
Europeia 62

2.1.2   Flagrante na Convenção Americana de Direitos Humanos e na
Organização dos Estados Americanos 69

2.2   A aplicabilidade de tratados na jurisdição nacional 75

2.2.1   Cosmopolitismo como instrumento para a funcionalização do
direito 78

2.2.2   Comunitarismo e a soberania dos Estados 82

CAPÍTULO 3

O DIREITO DE APRESENTAÇÃO NO CONTEXTO DO FLAGRANTE
DELITO 87

3.1   Como os modelos de autoridade marcam profundamente as
formas de garantia de direitos 88

3.2	Formas de garantia do direito de apresentação e suas particularidades nos países de *common law* ou *civil law*	94
3.3	Audiência de custódia como garantia institucional do direito de apresentação	101
3.4	Audiência de custódia no Brasil e seu diálogo com nossas obrigações internacionais	109

CONCLUSÃO E PERSPECTIVAS ... 119

REFERÊNCIAS ... 125

PREFÁCIO

Muito já foi dito e escrito sobre o processo de constitucionalização do Direito Processual Penal no Brasil. O Código de Processo Penal brasileiro, datado de 1941 e editado num contexto marcado por um Estado autoritário, traz a marca dos modelos afastados da democracia e do tensionamento entre resposta penal efetiva à criminalidade em suposta conflituosidade com direitos e garantias fundamentais. A modelagem normativa de respeito a direitos e garantias era indicada, ao tempo da edição do Código, como verdadeiro obstáculo a um pretenso eficientismo penal. As reformas legislativas que se sucederam — o CPP brasileiro já experimentou mais de 50 alterações por leis esparsas — tensionaram com uma incipiente internacionalização do Direito, de cuja influência o sistema de justiça criminal não poderia se manter infenso.

Se a Constituição de 1988 refunda todo e qualquer exame de validade da legislação processual penal pátria, por um lado, é preciso reconhecer que as convenções e tratados firmados pelo Brasil, igualmente e por outro lado, nos fazem repensar as modelagens institucionais de realização da justiça criminal. Assim é com a Convenção Americana de Direitos Humanos, nominada Pacto de São José da Costa Rica, cujo texto, elaborado em 1969, só foi internalizado formalmente no Brasil em 1992 (por meio do Decreto nº 678). A compreensão adequada e as obrigações brasileiras de sua implementação são temas de discussão até hoje. O mais destacado desses temas, ao menos na última década, é seguramente o pertinente ao direito de apresentação ao juiz de toda e qualquer pessoa submetida a prisão.

O direito de apresentação instrumentalizado pela audiência de custódia passa a observar desde 2015 uma estrutura normativa ora marcada pela agenda institucional (em grande medida capitaneada pelo Conselho Nacional de Justiça), ora marcada pela normatividade haurida de decisões proferidas pelo Supremo Tribunal Federal em litígios marcadamente estratégicos (os chamados litígios estruturais). A audiência de custódia, como medida para melhor qualificar a decisão a ser proferida quando da apresentação da pessoa presa, apresenta-se como providência que melhor compatibiliza o ordenamento brasileiro aos reclamos de fidelidade aos enunciados da Convenção Americana de Direitos Humanos. Mas como tal "inovação" impacta nas tradições e práticas brasileiras, em especial a formalidade da prisão em flagrante?

O Brasil, desde 1988, grava a prisão processual com a cláusula de reserva de jurisdição. A Constituição, no processo penal, excepciona unicamente a prisão flagrancial como aquela hábil a ser formalizada por ato que não seja judicante (e fundamentado). Mas mesmo a prisão em flagrante há de ser submetida à apreciação judicial imediatamente – se antes pela mera comunicação, desde 2015 pela apresentação do preso à presença do juiz togado. A modelagem institucional do direito de apresentação encontra-se presente em inúmeros países que não trazem – como faz o Brasil – o rigor da prisão processual invariavelmente marcada pela jurisdicionalidade. Isso traz implicações sobre o modo pelo qual se materializa a prisão flagrancial.

O leitor tem em mãos o trabalho de Paulo Ricardo Aguiar de Deus, cujo mestrado lhe rendeu reflexões marcadas pela inquietação de pensar a partir da convencionalidade do sistema de justiça criminal brasileiro. O usual, nesse campo, é pensar em como adaptar o que já existe ao reclamo normativo aparentemente novo (afinal, a Convenção é de 1969!). Paulo Ricardo traz novas perspectivas: a obediência ao que seja a normatividade convencional reclama, do ponto de vista institucional, o rompimento de algumas tradições.

Repensar a prisão em flagrante impõe necessariamente repensar um ordenamento cujo sentido sempre gravitou em torno da prisão processual. É difícil pensar novas práticas, observar enunciados gerais, sem antes questionar se as sucessivas alterações legislativas do nosso Direito Processual Penal se ocuparam de construir um sistema de justiça que conjugasse a utilidade dos atos em audiência e a qualidade esperada desses atos, máxime que redundem na apreciação da legalidade e da conveniência de mantença da prisão processual.

A investigação de Paulo Ricardo revisita a prisão flagrancial a partir de uma conformação no contexto internacional. Como os países em geral – e, de modo especial, os sistemas europeu e americano de proteção dos direitos humanos – problematizam a prisão processual (*pre-trial detention*)? Isso tem influência na formalização da prisão em flagrante em si? Porque hoje mantemos um resquício de documentação próprio de uma época em que o autuado não era apresentado ao juiz (auto de prisão em flagrante); além de repisarmos uma apreciação que se apresenta duplicada por autoridades com funções distintas na persecução penal. Primeiro, o delegado de polícia aprecia a flagrância e, reconhecendo-a, formaliza a prisão; segundo, o juiz, diante da prisão já efetivada e formalizada, aprecia novamente sua legalidade, para então apreciar a necessidade (extremada) de sua mantença.

A pesquisa de Paulo Ricardo encontra campo profícuo para o debate nas categorias desenvolvidas por Mirjan Damaška – em especial seus modelos de autoridade. Afinal, os modelos de autoridade coordenada e de autoridade hierárquica explicam, em grande medida, as tradições de apreciação jurisdicional da prisão processual, máxime quando em referência à prisão em flagrante. Paulo Ricardo questiona a institucionalidade da prisão em flagrante, garantia esvaziada e ineficiente na concretização dos direitos da pessoa detida, para seguidamente afirmar que o Brasil tem experimentado reformas incompletas. O resultado: uma institucionalidade do sistema de justiça que igualmente não se mostra sistemática ou coerente com os compromissos assumidos pelo Brasil na ordem internacional, máxime para a proteção e garantia dos direitos das pessoas submetidas a atos de persecução penal.

A solidez da pesquisa de Paulo Ricardo, em especial sua incursão histórica, que bem contextualiza a problematização da prisão em flagrante, é fruto de seu esforço e dedicação. Mais que a preocupação de fidelidade com os autores do Direito Processual, a visão interdisciplinar da investigação merece destaque, máxime quando o autor questiona a institucionalidade do sistema de justiça e imprime ao seu estudo uma abordagem de Direito e Políticas Públicas.

Anoto a participação rica e precisa dos professores (e amigos) Mauro Fonseca Andrade (UFRGS) e Bruno Amaral Machado (UniCEUB) na banca de avaliação do trabalho. Seguidamente a uma arguição marcada por reflexões efetivamente compromissadas com o aprimoramento do sistema de justiça criminal brasileiro, o trabalho foi indicado a compor a Biblioteca de Referência em Políticas Públicas do UniCEUB. Ainda, dada a elegibilidade de Paulo Ricardo, cujas menções obtidas ao longo do mestrado foram simplesmente a comprovação de seu nível de excelência, a banca o laureou com a aprovação com distinção.

Que as loas recebidas (merecidamente) pelo trabalho se prestem a um justo convite ao leitor para que reflita e discuta com Paulo Ricardo sobre tema tão rico! A academia e os problemas do sistema de justiça criminal brasileiro (que não são poucos) pedem estudos assim: ousados no campo das ideias, seguros no campo da pesquisa e comprometidos com a apresentação de alternativas marcadas pelo melhor compromisso de implementação dos compromissos assumidos pelo Estado brasileiro para efetivação dos direitos humanos.

Boa leitura!

Antonio Henrique Graciano Suxberger

Doutor e Mestre em Direito. Professor Titular do Programa de Mestrado e Doutorado em Direito do UniCEUB e dos cursos de especialização da FESMPDFT. Promotor de justiça no Distrito Federal. Membro do Conselho Nacional de Política Criminal e Penitenciária (biênio 2021-2023).

INTRODUÇÃO

Quando apresentada a questão da prisão em flagrante delito na literatura jurídica brasileira, passamos por ela como uma simples etapa, quase desapercebidos. Pouco se debate ou aprofunda a respeito desse instituto, que acaba sendo visto como mero procedimento antecedente à eventual ação penal. Esse caminho percorrido pelos estudiosos do direito acaba conduzindo a uma *armadilha dogmática* do instituto, de forma que passamos ao largo da percepção de que ele necessita de uma revisitação, desde a perspectiva interpretativa até seu próprio modelo institucional.

Na prática, a avaliação do flagrante delito se restringe a mera análise dogmática, de maneira que a maior preocupação do jurista acaba sendo o comando normativo, objetivando instrumentalizar o instituto e poder passar à fase seguinte. Por esse motivo, a prisão em flagrante brasileira resta poupada de críticas importantíssimas, alheia a reformas dirigidas para o que entendemos como uma necessária integração sua com um sistema de justiça criminal funcional. Essa postura de mera etapa procedimental se mostra muito distinta daquela cuidadosamente observada pelo direito internacional e nas cortes internacionais de direitos humanos, responsáveis pela proteção de certas garantias, como é o caso do direito de apresentação. Por direito de apresentação nos referimos sinteticamente à prerrogativa do preso de ser levado pessoalmente à presença do juiz para ser visto e ouvido. Notoriamente, não é um direito exclusivo do flagrante delito, sendo um direito que deve estar presente em todo o processo penal, inclusive no procedimento de flagrante delito.

Impossível destacar da ideia de justiça criminal o debate sobre políticas públicas, que a cada dia pesa mais a mão sobre o sistema de justiça criminal brasileiro. Políticas públicas são as formas pensadas pelo governo para solucionar uma questão pública. E ao afirmar que a *mão da política pública* começa a pesar sobre a justiça criminal, queremos dizer que determinada cobrança começa a surgir por resultados que deixam de ser apresentados, em um clamor à maior eficiência desses processos. Os inúmeros projetos e reformas do processo penal, somados às constantes críticas diuturnamente recebidas, evidenciam esse quadro de invariável cobrança por uma entrega mais eficaz da resposta penal. Não é surpresa imaginar que essa tentativa de resposta por parte do Poder Legislativo tem origem na insatisfação da população,[1] que pressiona seus representantes por soluções. O Poder Legislativo se esforça por atender ao clamor das ruas, por vezes adereçando de forma desordenada ao sentimento que é exprimido pelos cidadãos. Se a reclamação é de insegurança, como atender a isso? Aumentar penas pode parecer que resolve o problema e talvez até aplaque a vontade popular, mas de fato atinge o problema que gera a sensação dessa insegurança em primeiro lugar?

Fernando Fernandes se ocupou de estudar esse fenômeno de necessidade de ajustes sobre o processo penal como resposta ao momento histórico social em que se encontra mergulhada determinada sociedade, ao qual optou por denominar "questão penal".[2] Parece-nos oportuna a nomenclatura cunhada pelo autor em razão de ser um conceito abrangente que permite englobar em uma única expressão toda a problemática da justiça criminal, desde o delito até a referência dogmática a ele aplicável, incluídas também as instituições nela envolvidas e os atores[3] que porventura tenham relevância no seu desenvolvimento e/ou resultados.

---

[1] O Índice de Confiança na Justiça – ICJBrasil faz estudos estatísticos da percepção da população em relação a instituições, entre elas o Poder Judiciário. O relatório mais recente de percepção que tenha medido a justiça criminal é o do terceiro trimestre de 2011, no qual 49% dos entrevistados acreditavam haver muita impunidade no Brasil, 34% afirmaram haver alguma impunidade, enquanto 17% não entendiam haver impunidade; 39% afirmaram que a causa da impunidade residia no fato de as penas serem demasiadamente leves e 75% afirmaram que as condenações aplicadas por tribunais não são severas (CUNHA, Luciana Gros; BUENO; Rodrigo de Losso da Silveira; OLIVEIRA, Fabiana Luci de; RAMOS, Luciana de Oliveira; GARCIA, João Marcos Bastos Vilar. *Relatório com os dados da pesquisa Índice de Confiança na Justiça (ICJBrasil) referente ao 2º trimestre de 2011*. São Paulo: Fundação Getulio Vargas, 2011. Disponível em: https://hdl.handle.net/10438/8739. Acesso em: 20 nov. 2021.

[2] FERNANDES, Fernando. *O Processo Penal como Instrumento de Política Criminal*. São Paulo: Almedina, 2001, p. 9.

[3] Leonardo Secchi define "atores" na política pública como indivíduos, grupos ou organizações que desempenham um papel dinâmico na arena política, podendo influenciar direta ou

Nesse passo, Fernandes aponta o inescapável aparente dilema entre os chamados *garantismo* e *eficientismo*, como dois conceitos antagônicos e irreconciliáveis.[4] Carolina Vieira descreve essas duas correntes, sendo o garantismo, marcado pela defesa do cidadão contra a força do Estado, um dos mais importantes meios de garantir que seus direitos individuais possuam sustento formal e material; enquanto o eficientismo possui como característica um racionalismo dirigido para os fins do processo penal, relacionando de forma pragmática a prevenção, repressão e condenação com seus meios, institutos, processos e execução.[5]

Para a autora, a dialética entre ambos nasce primeiro no momento de criação de cada um, sendo o garantismo uma preocupação dos projetos liberais, que buscavam proteção ao indivíduo em face do Estado e o eficientismo um produto da pós-modernidade, fundado no racionalismo científico que passou a cobrar a eficiência como um atributo, fruto do desenvolvimento tecnológico. Esse embate se acirra mais ainda na contemporaneidade, com a chamada globalização e o que ela descreve como o enfraquecimento dos Estados-nação como uma cobrança crescente na norma internacional pelo eficientismo.

Pela tese de Fernandes, existe verdadeira tendência ao que chamou hibridismo, que seria uma paulatina e progressiva equalização entre o garantismo e o eficientismo. E é por meio do método que apresentou ao longo de sua tese que se chegaria à conciliação entre essas duas faces da mesma moeda, que propõe usar o processo penal como *meio* para instrumentalizar a política criminal, e não sendo um fim em si mesmo. Por política criminal, podemos entender a política pública voltada para a questão penal, portanto, um direcionamento de esforços que vise à solução da questão penal dentro do próprio processo por meio de sua abertura.

Por sua proposta, o método sistemático deve ser utilizado para a realização do direito, ou seja, propõe que, por meio do pensamento sistemático hermenêutico orientado nas ideias de ordem e unidade, seria possível atingir o denominado *justo decidir*. A partir dessa perspectiva, seria possível deduzir via raciocínio axiológico uma variante

---

indiretamente seus conteúdos e resultados (SECCHI, Leonardo. *Políticas públicas:* conceitos, esquemas e análises, casos práticos. 2. ed. São Paulo: Cengage Learning, 2013, p. 99).

4   Ibidem, p. 11-12.

5   VIEIRA, Carolina Luíza Sarkis. A consolidação do eficientismo no discurso jurídico-penal contemporâneo: o exemplo da Convenção de Viena. *Revista Jurídica da Presidência*, v. 8, n. 78, p. 29-35, 2006.

metodológica sustentada por valores jurídicos que pudessem atingir as soluções de determinados problemas pela modificação do *totum* da justiça criminal. Para Fernandes, isso somente seria possível pela integração entre as vias axiológica e teleológica, o que quer dizer que, tendo em vista a realização da justiça criminal, seria possível atender aos valores deduzidos pelas garantias originalmente desenvolvidas ao longo do modernismo liberal. Para tanto, a norma internacional de direitos humanos assume o paradigma de função e o Código de Processo Penal – CPP se apresenta como estrutura, não mais como um fim em si mesmo, mas sim como o meio de concretização dos princípios de direitos humanos. Assim, se dá início a uma abertura coordenada de um sistema imaginado a princípio como fechado e autopoiético, mas que passa a adquirir validade não apenas formal, mas também a material, com base na norma internacional de direitos humanos.

Uma vez aberto, o sistema de justiça criminal finalmente pode se orientar em uma direção teleológica, qual seja, passa a se prestar a concretizar um método que possa ser universalmente empregado, orientado tanto pela sua finalidade quanto pela moral por trás do sistema em si. Quando tratamos de políticas públicas, invariavelmente estaremos diante de diversos campos de estudos das ciências humanas, desde economia, passando por ciências sociais aplicadas até as matérias de administração pública.[6] Para a Política Criminal, isso não pode deixar de ser igualmente verdade. Assim, esse sistema aberto, entendido como sistema jurídico-penal, passaria a englobar diversos subsistemas que iniciariam verdadeiro diálogo entre si, com a finalidade de alcançar a resposta à questão penal que deu origem ao sistema. Esse diálogo abrange temas que não necessariamente eram postos para se coordenar entre si, como a execução penal, a criminologia, políticas criminais e, claro, a norma internacional referente ao direito de apresentação.

É importante deixar claro que a implementação do direito de apresentação sob o desenho internacional passa a ser compreendido como um subsistema que integra a justiça criminal orientado por essa via axiológica, dirigida para uma finalidade em comum com os demais e determinada pela política criminal. A essa interação Fernandes chamou de sistema de Direito Penal Total, que se demonstrou bem-sucedido, pelo menos para a questão do flagrante delito no Brasil, como

---

[6] DIAS, Reinaldo. *Políticas públicas:* princípios, propósitos e processos. São Paulo: Atlas, 2012, p. 11.

demonstraremos a seguir. Tal perspectiva, eminentemente técnica e com foco na solução da questão penal proposta, é especialmente relevante por fugir do indesejável "populismo penal",[7] que propõe, por meio de promessas vazias, resolver a impunidade por meio do recrudescimento de penas.

Demonstraremos a seguir o problema do dogmatismo como forma de tratar problemas de políticas públicas, em especial, dos presos provisórios.[8] Segundo o *World Prision Brief* – WPB,[9] o percentual de presos provisórios no Brasil era de 34,7% em 2000 e foi subindo até chegar a 36,9% em 2010. Esse quadro era agravado pela lentidão na apreciação dos flagrantes delitos realizados na esfera policial, bem como pelas decisões tomadas pelos magistrados para conversão dos flagrantes em prisão preventiva. Dados do IPEA encomendados em 2015 pelo Ministério da Justiça apontaram para uma média de 20 dias entre a prisão em flagrante e a apreciação do juízo competente em crimes de furto, roubo e tráfico realizados nos anos de 2008 a 2012 nos Estados de Santa Catarina e Bahia. Para lidar com essa questão penal, surgiu a tentativa de solução por meio da própria norma jurídica. A Lei nº 12.403/11 foi promulgada como esperança de amortização do volume de presos provisórios no Brasil. De pronto, percebemos que a justiça criminal se manteve, ao contrário do que Fernandes propõe, em um círculo vicioso na tentativa de solucionar seus problemas de políticas criminais em um sistema hermeticamente fechado de dogmática processual penal. Assim, com o advento da legislação, o juiz passou a poder determinar medidas cautelares diversas da prisão a fim de assegurar a execução do processo enquanto autorizaria o réu a responder em liberdade. Um dos importantes objetivos da lei seria evitar que o suspeito de cometimento de crime em flagrante ou mesmo um criminoso de pequeno potencial ofensivo não fossem encarcerados indefinidamente até que um juiz realizasse o controle de legalidade sobre a prisão.

---

[7] THE IMPACT Of Penal Populism On Policy Change Criminology Essay. *UKEssays*. 2018. Disponível em: https://www.ukessays.com/essays/criminology/the-impact-of-penal-populism-on-policy-change-criminology-essay.php?vref=1. Acesso em: 21 nov. 2021.

[8] Por prisão provisória, para os dados apresentados pelo IPEA e INFOPEN, entende-se aquela prisão que ainda não possui sentença.

[9] WALMSLEY, Roy. *World Prison Breaf:* World Pre-trial/Remand Imprisonment List. 4. ed. Londres: International Centre for Prison Studies, 2020. Disponível em: https://www.prisonstudies.org/sites/default/files/resources/downloads/world_pre-trial_list_4th_edn_final.pdf. Acesso em: 20 nov. 2021.

Contrariamente ao que se esperava com a promulgação da lei, os índices do WPB para 2015 tiveram uma subida ainda maior, atingindo o patamar de 37,5% de presos provisórios. No mesmo ano, o CNJ editou a Resolução nº 213/2015, baseando-se no compromisso constitucional brasileiro de proteção aos direitos humanos, e regulamentou pela primeira vez a chamada audiência de custódia ou de apresentação, com o intuito de garantir o direito de apresentação do preso em flagrante. Ainda que não nos pareça que houvesse a intenção de escapar do dogmatismo para resolução da questão penal, acidentalmente ou não, uma verdadeira mudança se operou. Dados do WPB de 2019 deram conta de uma verdadeira redução do percentual nacional de presos provisórios, que atingiu o patamar de 30,4%, menor valor da série histórica dos índices da ONG e aproximando o Brasil da média mundial em 2020 de 29,5%.[10] Percebemos que quando a norma internacional ingressou no ordenamento como forma de solução de uma questão penal, no caso, a política criminal em si, estamos diante da hipótese de abertura defendida por Fernandes.

Em seus considerandos, a Resolução nº 213/2015-CNJ fundamentou-se em dois instrumentos internacionais, o Pacto de São José da Costa Rica e o Pacto Internacional de Direitos Civis e Políticos das Nações Unidas. O pacto de São José explicita em seu art. 7 (5) que "Toda pessoa detida ou retida deve ser conduzida, sem demora, à presença de um juiz ou outra autoridade autorizada pela lei a exercer funções judiciais [...]", e é exatamente essa primeira parte do dispositivo que o CNJ buscou regularizar. Para tanto, implementou a obrigatoriedade de realização de audiência de custódia em toda prisão em flagrante delito, devendo ser realizada em até 24 horas da prisão. O detido deve ser encaminhado à presença do juiz, que avaliará as condições do flagrante e decidirá pela liberdade provisória, relaxamento de prisão ou decretação de prisão preventiva.

Todavia, ainda que a abertura do sistema tenha sido um grande avanço para a implementação de uma política criminal de enfrentamento do excesso de prisões provisórias decretadas no Brasil, ainda percebemos certa resistência à sua aplicação integral, consubstanciada na tentativa de adequar o procedimento tradicionalmente empregado no país à norma

---

[10] WALMSLEY, Roy. *World Prison Breaf:* World Pre-trial/Remand Imprisonment List. 4. ed. Londres: International Centre for Prison Studies, 2020. Disponível em: https://www. prisonstudies.org/sites/default/files/resources/downloads/world_pre-trial_list_4th_edn_final. pdf. Acesso em: 20 nov. 2021.

convencional. Assim, segundo o regulamento do CNJ, aquele detido em flagrante delito deve ser conduzido imediatamente à autoridade policial para lavratura do Auto de Prisão em Flagrante – APF. Caso tal autoridade entenda ter de fato ocorrido flagrante delito, apenas então o preso deverá atender a uma série de procedimentos administrativos, ser conduzido ao Instituto Médico Legal – IML, e apenas então levado à presença do juiz de custódia, se houver um. Não havendo, será conduzido para a cadeia, enquanto o APF da prisão é encaminhado para o Poder Judiciário em até 24 h. Entendendo a autoridade policial que não existe flagrante delito, a prisão é *relaxada*, devendo o detido ser posto imediatamente em liberdade.

Isso aparenta uma inconsistência *per si*. O que motivou a busca pela abertura do sistema de justiça criminal teria sido a reduzida capacidade normativa de solucionar a questão penal que se apresentava, bem como a necessidade de garantir o direito de apresentação, considerado um compromisso brasileiro perante a comunidade internacional. Essa abertura foi promovida pelo CNJ, quando lançou mão da regulamentação de um compromisso firmado pelo Estado brasileiro, reconhecidamente internalizado como norma supralegal,[11] o que representou concretamente um avanço não antes alcançado pela mera novação legislativa. Não obstante, buscou-se conformar essa exata norma convencional ao texto positivado, causando uma verdadeira discrepância no âmago do procedimento flagrancial com o que se realiza na prática e o que se esperaria que estivesse sendo feito.

Pelo que poderá ser demonstrado, para que os arranjos institucionais nacionais estejam em conformidade com os compromissos internacionais firmados pelo país, possibilitando o correto desempenho de seu papel na justiça criminal, é necessária uma revisitação de quase toda essa modelagem no que tange ao direito de apresentação no flagrante delito. A audiência de custódia atingiu parcialmente sua missão, na medida em que garantiu o direito de apresentação, mas

---

[11] BRASIL. Supremo Tribunal Federal. *Recurso Extraordinário 466.343/SP*. Prisão Civil. Depósito. Depositário infiel. Alienação fiduciária. Decretação da medida coercitiva. Inadmissibilidade absoluta. Insubsistência da previsão constitucional e das normas subalternas. Interpretação do art. 5º, inc. LXVII e §§1º, 2º e 3º, da CF, à luz do art. 7º, §7, da Convenção Americana de Direitos Humanos (Pacto de San José da Costa Rica). Recurso improvido. Julgamento conjunto do RE nº 349.703 e dos HCs nº 87.585 e nº 92.566. É lícita a prisão civil de depositário infiel, qualquer que seja a modalidade do depósito. Recorrente: Vera Lúcia B. de Albuquerque e Outros(as). Recorrido: Banco Bradesco S/A. Relator: Min. Cezar Peluso, 3 de dezembro de 2008. Disponível em: http://redir.stf.jus.br/paginadorpub/paginador. jsp?docTP=AC&docID=595444. Acesso em: 20 nov. 2021.

ainda existem necessidades de acomodar o instituto materialmente (na política criminal) e formalmente (ajustes legislativos) para que seu papel na justiça criminal possa ser considerado plenamente adequado.

Ressaltamos que o foco da nossa investigação é a chamada *prisão em flagrante delito* brasileira, de maneira que ainda que esse procedimento tenha sido afetado pela Audiência de Custódia, apenas a abordaremos com o único intuito de entender se seu papel atende à convencionalidade reclamada em sua positivação. Por exclusão lógica, não estamos centrados na chamada prisão-pena, mas exclusivamente na prisão provisória. Para que fique claro, por prisão-pena nos referimos àquela decretada após sentença condenatória, aplicável apenas após o curso da ação penal e representando a satisfação punitiva do Estado. A prisão provisória, por sua vez, possui natureza processual cautelar, devendo ser decretada pela autoridade judicial competente no curso da persecução criminal e dirigida para preservar a eficácia investigativa ou a ação penal em si.[12] Entre as modalidades da prisão provisória temos a prisão preventiva, a prisão temporária e finalmente a prisão em flagrante. No particular da prisão em flagrante, buscaremos apresentar uma contraposição entre a natureza do que se entende na doutrina nacional por condução e prisão em contrapartida do que é convencionalmente definido nas cortes internacionais de direitos humanos e nos Pactos[13] e Convenções[14] ratificados pelo Brasil.

Reiteramos que não se trata de um estudo focado na análise dogmática, mas sim em uma análise de conformidade do comando internacional de preservação do direito de apresentação aplicado à política criminal nacional, onde entendemos que os arranjos institucionais implementados no Brasil não cumprem com o papel desejado para o flagrante delito. Não apenas o Brasil é vinculado aos tratados[15]

---

[12] LIMA, Renato Brasileiro de. *Manual de processo penal*. Volume único. 6. ed. Salvador: JusPodivm, 2018b, p. 888.

[13] Por Pacto, entende-se o tratado que cria uma Organização Internacional, definindo sua atribuição, objetivos e composição (VARELLA, Marcelo D. *Direito internacional público*. 4. ed. São Paulo: Saraiva, 2012, p. 37).

[14] Varella explica que convenções criam normas gerais de caráter ampliado, que posteriormente vêm a ser reguladas em tratados específicos para este fim, como os protocolos, que se apresentam como uma instrumentalização de tratados (VARELLA, Marcelo D. *Direito internacional público*. 4. ed. São Paulo: Saraiva, 2012, p. 39).

[15] Marcelo Varella define os tratados como sendo os acordos internacionais solenes e regidos por normas de direito internacional firmados entre Estados ou entre Estados e Organizações Internacionais, independentemente de quantos instrumentos conexos possam integrá-los. São considerados a fonte principal do direito internacional em razão de expressarem as

por ele assumidos no âmbito internacional, mas também o é no diálogo entre as cortes internacionais, nas quais podemos encontrar interessante medida das garantias ora debatidas.

Passamos ao desenvolvimento da obra, que, esperamos, provoque o leitor a repensar nossa estrutura criminal e nos instigue a buscar uma reconstrução desse momento tão relevante da justiça criminal, desde o flagrante delito em si, passando pelos arranjos a ele inerentes até sua conclusão.

---

vontades e interesses dos sujeitos de direito internacional nele envolvidos, de forma que passam a ficar a ele adstritos (VARELLA, Marcelo D. *Direito internacional público*. 4. ed. São Paulo: Saraiva, 2012, p. 37).

CAPÍTULO 1

A ORIGEM DA CRISE DE IDENTIDADE DO FLAGRANTE DELITO NO BRASIL

A fim de adentrar com a profundidade adequada no tema, é essencial ir além de uma mera avaliação técnica do instituto da *prisão em flagrante delito*. O aspecto técnico já é abordado regularmente por manuais que se resumem a tal apreciação dogmática, e se caminharmos pela mesma trilha, invariavelmente chegaremos às mesmas conclusões que, pelo que iremos demonstrar, nos parecem equivocadas. Dada a natureza desta releitura proposta, torna-se indispensável compreender exatamente a origem da prisão em flagrante delito, como se formou e a razão de o instituto ser algo *sui generis* no Brasil, seja em relação a outros sistemas jurídicos de *civil law*, seja de *common law*, e qual a relação desse histórico com o procedimento atualmente normatizado pelo CPP e empregado pela práxis forense e policial.

Para tanto, passaremos por um breve apanhado do desenvolvimento histórico e jurídico tanto do formato do Estado brasileiro quanto da norma que circunda o flagrante. De outra maneira, seria impossível compreender como se consolidou nosso instituto. Uma vez superada a preocupação com a raiz do procedimento da prisão flagrancial, teremos condições de colocar sob perspectiva, em primeiro lugar, sua própria prática em si, e, em segundo lugar, o sentido jurídico dessa prisão. Passamos a seguir a um breve relato histórico que trata da evolução do sentido normativo da prisão em flagrante delito e de onde veio sua reserva de jurisdição na tradição jurídica pátria.

1.1 Do nascimento da prisão em flagrante como ato jurisdicional até sua cristalização como ato de natureza administrativa

É essencial ser apresentado um panorama da história da polícia e como sua relação com o Poder Judiciário no período colonial criou as profundas raízes que moldaram o modelo ímpar de Polícia Judiciária brasileira e, por consequência, o tratamento do flagrante delito até os dias atuais. O ponto de partida para essa investigação não poderia ser outro senão o nascimento do Brasil como gestado pela coroa portuguesa e seu correspondente modelo de autoridade.[16] A primeira organização policial do Brasil foi herdada da estrutura da polícia de Portugal, datada de 1760 e chamada de Intendência Geral da Polícia – IGP,[17] comandada por magistrados escolhidos entre os Desembargadores do Paço.[18] Devido a essa característica, os Intendentes Gerais acabaram se tornando os magistrados mais poderosos do reino, com amplos poderes policiais e judiciais. Por vezes, ainda realizavam atividades de natureza de um prefeito, sendo entendidos como os *agentes civilizadores* dos costumes, vez que deviam transformar a atrasada cidade do Rio de Janeiro em algo digno de uma capital europeia e à altura da família real.[19]

A criação da IGP acompanhou o conjunto de reformas senão de todos, da maioria dos Estados absolutistas do final do século XVIII em razão do contexto histórico em que estavam inseridos.[20] Ao contrário do que ocorria na Inglaterra e Holanda, onde aos poucos a realeza perdia espaço para o parlamento, passando à monarquia constitucional, Portugal e outros reinos de regimes políticos semelhantes tentavam

---

[16] Mais detalhes sobre modelos de autoridade no capítulo 3.

[17] Segundo o Arquivo Nacional de Portugal, o cargo de Intendente Geral da Polícia teria sido criado pelo Alvará de 25 de junho de 1760 com a finalidade de coordenar as atribuições da polícia exercidas pelos magistrados judiciais. O primeiro Intendente português foi o desembargador Inácio Ferreira Souto (ARQUIVO NACIONAL TORRE DO TOMBO. *Intendência Geral da Polícia*. Disponível em: http://antt.dglab.gov.pt/exposicoes-virtuais-2/intendencia-geral-da-policia. Acesso em: 20 nov. 2021).

[18] O Desembargo do Paço (também referido como "Mesa do Desembargo do Paço" ou "Tribunal do Desembargo do Paço") constituiu o tribunal supremo de justiça de Portugal, entre o século XVI e o início do século XIX.

[19] GOMES, Laurentino. *1808:* como uma rainha louca, um príncipe medroso e uma corte corrupta enganaram Napoleão e mudaram a história de Portugal e do Brasil. São Paulo: Editora Planeta do Brasil, 2007, p. 229.

[20] LOUSADA, Maria Alexandre. A cidade vigiada: a polícia e a cidade de Lisboa no início do século XIX, *Cadernos de Geografia*, n. 17, p. 227-232, 1998.

manter-se absolutistas.[21] A separação entre funções policiais e judiciais era uma tentativa recorrente em Portugal, mas institucionalmente, essas tentativas criavam mais confusão ainda entre esses papéis.[22]

O Marquês de Pombal, que foi embaixador na Grã-Bretanha de 1738 a 1745, onde sofreu forte influência do Iluminismo francês, assumiu o cargo de Secretário de Estado dos Negócios Interiores do Reino (correspondente à função de um primeiro-ministro) após retornar a Portugal em 1755, e buscou modificar a estrutura do Estado português num verdadeiro combinado de monarquia absolutista com o racionalismo iluminista.[23] Cabe ressaltar que, até então, o movimento liberalista que influenciou Montesquieu estava ganhando corpo, e sua obra *O Espírito das Leis*, que consagrou o princípio da divisão dos Poderes, apenas veio a ser publicada em 1748. Dessa maneira, era comum que ocorresse o acúmulo de poderes em determinadas instituições, característica do absolutismo, como é o caso dos Intendentes Gerais que investigavam, prendiam e julgavam.

A função da Intendência era implantar e dirigir a nova estrutura de polícia e segurança pública da Corte do Rio de Janeiro e de todo o território do Brasil, seguindo o modelo apresentado pela Intendência-Geral da Polícia da Corte e do Reino, que era regulado pelo Alvará de 25 de junho de 1760. O primeiro cargo de Intendente Geral no Brasil foi exercido por Paulo Viana, um magistrado brasileiro e conselheiro do Paço de Lisboa.[24] Mantendo a competência referente ao cargo anteriormente ocupado pelos Intendentes Gerais de Polícia, eles eram colocados como instância recursal de ministros criminais e cíveis, bem como responsáveis pela correição das atividades desempenhadas por estes ministros.

Esse sistema, nomeadamente inquisitivo, predominou até a Revolução Francesa, que buscou sua superação com a implementação do chamado sistema misto, propondo como alternativa distinguir o papel do juiz investigador na fase primária do juiz julgador que se posicionava como garantidor de direitos. O *Code d'Instruction Criminelle* francês de 1808 foi amplamente adotado pela Europa continental como reflexo

---

[21] GOMES, Laurentino, op. cit., p. 31.

[22] VIEIRA, Hermes; SILVA, Oswaldo. *História da polícia civil de São Paulo*. São Paulo: Companhia Editora Nacional, 1955, p. 37.

[23] REIS, Claudio de Britto. *O Marquês de Pombal*. Rio de Janeiro: Altiva Gráfica, 1982, p. 81.

[24] VIEIRA; SILVA, op. cit., p. 44.

das conquistas de Napoleão Bonaparte.[25] Em que pese o próprio Brasil não ter sido conquistado pelo general, é inegável essa influência do código francês também no Reino de Portugal, que instituiu ele próprio a separação entre as funções judiciais de investigação e julgamento na constituição de 1822, após a revolução do Porto.

Até o Decreto de 23 de maio de 1821 ser expedido pelo imperador D. João VI, ainda eram utilizados os regramentos portugueses, no máximo, aditados por alvarás, para tratar das prisões. O Decreto é justificado exatamente pelos abusos realizados por Governadores, Juízes Criminais e Magistrados, que determinavam prisões por "mero arbítrio, e antes de culpa formada, pretextando denúncias em segredo, suspeitas veementes, e outros motivos horrorosos à humanidade".[26] Assim, o imperador proibiu que qualquer pessoa livre pudesse ser presa sem ordem escrita de juiz ou magistrado criminal, salvo em flagrante delito.

Apesar da edição do Decreto, não existem relatos de redução nos abusos cometidos pelas autoridades da época.[27] Em especial se considerarmos que foram mantidos os moldes absolutistas da polícia portuguesa, responsável por investigar (talvez a melhor expressão seja solucionar) crimes e em seguida julgar aqueles de sua competência própria ou encaminhar ao juiz de direito ou juízes municipais os processos para os quais não possuíam competência. Era ainda prerrogativa do Intendente Geral indicar nas províncias mais distantes um Ministro do Conselho do Imperador, detentor das mesmas prerrogativas e privilégios dos Desembargadores do Paço, para exercer a jurisdição em seu nome. Por esse modelo, os flagrantes e demais crimes eram julgados por esses ministros em nome do próprio intendente. Note-se que a atribuição de tratar do flagrante residia unicamente sobre essas autoridades que mantinham poderes judiciais, mesmo integrando e efetivamente chefiando as forças policiais.

Com a independência do Brasil em 1822 foi encomendada uma nova Constituição, outorgada em março de 1824. Rompendo com a tradição absolutista do império de Portugal, o Poder do Estado brasileiro foi dividido em quatro: o Poder Legislativo, o Poder Executivo, o Poder Judicial e o Poder Moderador. Foi idealizado na carta magna o

---

[25] ANDRADE, Mauro Fonseca. *Juiz das garantias*. 3. ed. Curitiba: Juruá, 2020, p. 12.

[26] Vide Decreto de 23 de maio de 1821.

[27] GAGLIARDO, Vinicius Cranek. A intendência de polícia e a civilização do Rio de Janeiro oitocentista. *URBANA: Revista Eletrônica do Centro Interdisciplinar de Estudos sobre a Cidade*, v. 6, n. 1, p. 376-401, 2014.

CAPÍTULO 1
A ORIGEM DA CRISE DE IDENTIDADE DO FLAGRANTE DELITO NO BRASIL | 31

conceito do juiz de paz, que deveria ser eleito pelo povo, conciliando preceitos liberais com interesses do império.[28] Entre o rol de garantias civis foi positivada a impossibilidade de prisão sem ordem judicial, salvo na prisão em flagrante delito (art. 179, X).

Em 15 de outubro de 1827, foi publicada a lei que regulamentou o juiz de paz e lhe previu competência jurisdicional. De acordo com a nova norma, qualquer pessoa que fosse apta a votar poderia ser candidata ao cargo, aplicando-se as limitações ao direito de voto, que era censitário. Os juízes de paz passaram a atuar como verdadeiro juizado de instrução,[29] assumindo funções dos antigos ministros criminais e civis do Intendente de Polícia. Segundo o §8º do art. 5º da referida lei, uma vez que um criminoso fosse identificado, seria encaminhado à presença do juiz de paz, que deveria interrogá-lo e às testemunhas do fato. Ficando comprovada a autoria, o juiz de paz prendê-lo-ia e em seguida o encaminharia imediatamente ao juiz criminal respectivo.[30]

O Código Criminal de 16 de dezembro de 1830, posteriormente modificado pela Lei de 6 de junho de 1831, conferia aos juízes de paz competência para conhecerem *ex officio* dos crimes policiais (instaurar ação penal *ex officio* em relação a crimes policiais, aqueles que atentavam contra as normas de polícia administrativa e posturas sanitárias),

---

[28] LYNCH, Christian Edward Cyril. O discurso político monarquiano e a recepção do conceito de poder moderador no Brasil (1822-1824). *Dados*. Rio de Janeiro, v. 48, n. 3, set. 2005.

[29] O juizado de instrução é típico dos chamados sistemas inquisitivos ou mistos, nos quais a investigação criminal é conduzida pelo Poder Judiciário na figura do juiz instrutor. Assim, o juiz atua solicitando diligências e autorizando de ofício os atos necessários para elucidar fatos criminosos. Andrade entende que a Constituição de 1988 não optou expressamente por algum sistema processual penal, mas tampouco nos encontramos no modelo inquisitivo, onde a instrução criminal se dá, por regra, pela presidência do juiz. Isso nos colocaria mais próximos ao sistema misto, em que pese ainda termos diversos resquícios na norma e jurisprudência dos Tribunais Superiores de atuação legítima do juiz investigante (ANDRADE, op. cit., p. 38).

[30] "Art 5º Ao Juiz de Paz compete: [...] §7º Fazer auto de corpo de delicto nos casos, e pelo modo marcados na lei.
§8º Sendo indicado o delinquente, fazer conduzil-o a sua presença para interrogal-o á vista dos factos existentes, e das testemunhas, mandando escrever o resultado do interrogatorio. E provado com evidencia quem seja o deliquente, fazer prendel-o na conformidade da lei, remettendo-o immediatamente com o interrogatorio ao juiz Criminal respectivo. [...]
Art 13º Quando o Juiz de Paz impozer qualquer pena, será o réo, estando preso, conduzido com o processo perante o Juiz Criminal respectivo; e estando solto, será notificado para comparecer e allegara á sua, pena de revelia.
Art 14º O Juiz Criminal, convocando dous Juizes de Paz mais vizinhos, confirmará, ou revogará a sentença, sem mais recurso" [sic].

com autoridade em todo o município.[31] Além disso, a mesma lei previu que os juízes de paz poderiam nomear delegados em seus distritos, concedendo-lhes competências semelhantes às suas (art. 6º). Nasciam os delegados de polícia. Essa sistemática emulava a anterior, na qual o Intendente de Polícia podia nomear Ministros do Conselho do Imperador, delegando-os o exercício do poder em seu nome. Para Rodycz,[32] a intenção dos defensores do modelo do juiz de paz era o *melhorismo judicial*, entretanto, o objetivo político era reduzir a força do imperador, uma vez que temiam seus poderes absolutos em face da recente dissolução da Assembleia Constituinte em 1823. Optaram então por uma espécie de sabotagem do poder tradicional, ao conceder poder a pessoas eleitas pelo povo e não a indicados pelo imperador.

Dois anos depois, já após a abdicação de Dom Pedro I e durante o período regencial, o Código de Processo Criminal – CPCr, promulgado em 1832, definiu que o cargo de Chefe de Polícia seria escolhido entre juízes, mantendo a lógica do acúmulo entre as funções policiais e jurisdicionais. A edição do CPCr gerou uma profunda modificação no sistema judiciário, pois, ao abolir juízes coloniais, acabou reforçando o poder dos juízes de direito e de paz, que receberam suas antigas competências. O CPCr/1834 pouco modificou o procedimento da prisão em flagrante delito determinado pela lei de 15 de outubro de 1827, mantendo a competência do juiz de paz para julgar a autoria do crime flagrante, sendo necessário ouvir testemunhas e determinar exame de corpo de delito quando houvesse vestígios.[33]

Devido ao receio de que Dom Pedro I retornasse, foi feito grande esforço para que pelo menos o Poder Judiciário fosse fragmentado entre brasileiros que poderiam ser eleitos, na tentativa de formar uma justiça parcialmente independente do poder monárquico, visto que os juízes de direito ainda eram empossados pelo imperador.[34] Com o

---

[31] RODYCZ, Wilson Carlos. O Juiz de Paz Imperial: uma experiência de magistratura leiga e eletiva no Brasil. *Revista Justiça e História*, v. 3, n. 5, 2003.

[32] Ibid.

[33] É o caso de descrever com todas as letras o procedimento da prisão em flagrante no período. Uma vez que determinado popular fosse detido em flagrante delito, era conduzido ao juiz de paz, juntamente com as testemunhas. A acusação era feita pelo promotor público ou qualquer do povo (art. 74, CPC/1832). O juiz ouvia a denúncia e julgava o fato como sendo ou não flagrante, podendo determinar que o acusado fosse posto em custódia, condenando-o a uma pena. Da sentença de prisão, cabia recurso para um juiz de direito (art. 294, CPC/1832). Desta decisão cabia apenas o recurso de revista.

[34] RODYCZ, op. cit.

Ato Adicional de 1834, a Regência, que era formada por três membros, modificou-se para apenas um, no que assumiu o ex-ministro da justiça Diogo Antônio Feijó.[35] Seu mandato enfrentou grandes dificuldades, marcado por disputas políticas entre aqueles que queriam praticamente acabar com a monarquia e populares que clamavam por maior independência nos atos do governo.

Procurando atender aos clamores do povo por mais autonomia, Feijó fortaleceu a figura do juiz de paz, popular por ser escolhida com base no voto. No decreto de 18 de março de 1837, deu-lhes competência para julgar crimes de desobediência e desacato a superiores, inspetores de quarteirão, oficiais de justiça e patrulhas. Em seguida, a Lei nº 108 de 11 de outubro do mesmo ano concedeu-lhes competência para conhecer das ações relativas a contratos de locação de serviços estrangeiros. O excesso de poder conquistado pelo juiz de paz se tornou alvo de intensas críticas, uma vez que a impunidade e a anarquia pareciam não reduzir, mesmo após a constante valorização do cargo.[36] Em que pesem os esforços para aumentar a proeminência dos juízes de paz e minar o poder do imperador, a Lei nº 261 de 3 de dezembro de 1841 acabou por diluir seu poder entre os chefes de polícia, juízes municipais, delegados e, em alguns casos, subdelegados.

Apesar de a legislação inaugurar nesse momento a ainda longa caminhada para a separação entre polícia e judiciário, certas atribuições jurisdicionais que o juiz de paz tinha foram mantidas entre delegados,[37] como o fato de poderem ser escolhidos para o cargo juízes de direito. Essa reforma de 1841 foi responsável por manter na *competência* policial a apuração e julgamento da prisão em flagrante delito, conforme disposto no art. 6º, ao determinar que as funções dos juízes de paz que não fossem *devolvidas* aos juízes municipais permaneceriam como atribuição de delegados e subdelegados.

---

[35] REINHART, Helen Katherine. *A political history of the brazilian regency, 1831-1840*. 1960. Dissertação. (Doutorado em História). Modern History, University of Illinois, Illinois, 1960, p. 145-146.

[36] RODYCZ, op. cit.

[37] Notadamente, o §1º do Art. 2, que rezava: "As atribuições conferidas aos Juizes de Paz pelo art. 12 §§(...) 7º do Codigo do Processo Criminal" [sic]. A referida atribuição era: "Julgar: 1º as contravenções ás Posturas das Camaras Municipaes: 2º os crimes, a que não esteja imposta pena maior, que a multa até cem mil réis, prisão, degredo, ou desterro até seis mezes, com multa correspondente á metade deste tempo, ou sem ella, e tres mezes de Casa de Correcção, ou Officinas publicas onde as houver" [sic]. Além disso, o Art. 4º da Lei 261 trouxe: "§2º Conceder fiança, na fórma das leis, aos réos que pronunciarem ou prenderem" e ainda: "§8º Conceder mandados de busca, na fórma da Lei" [sic].

No ano seguinte, em 1842, o Regulamento 120 de 31 de janeiro reorganizou a atribuição das polícias. É quando ocorre o nascimento formal da Polícia Judiciária, o que fazia muito sentido, uma vez que ainda era efetivamente inserida no Poder Judiciário. Fazia ainda mais sentido a estrutura descrita pelo Regulamento, um verdadeiro espelho do Poder Judiciário, onde os delegados possuíam competência jurisdicional, cartórios e escrivães a eles vinculados.[38] Por esse motivo também, era importante que todos os atos de polícia fossem registrados e realizados nos mesmos moldes dos próprios atos judiciais. Isso segue fielmente o chamado modelo de autoridade hierárquico.[39]

Os chefes de polícia, delegados e subdelegados podiam julgar contravenções às Posturas das Câmaras Municipais; crimes com pena de multa até 100$000; exílio ou mudança forçada por até seis meses sem multa ou com multa correspondente à metade desse tempo, ou três meses de Casa de Correção ou oficinas públicas. Podiam ainda emitir mandados de busca e apreensão e requisitar corpo de delito. Nos crimes que não julgavam, podiam pronunciar[40] os acusados perante o juízo competente, possuindo, portanto, capacidade postulatória em juízo. A mera existência de pronúncia era suficiente para que o pronunciado fosse preso por oficiais de quarteirão, funcionários da estrutura policial do império. O flagrante delito que não julgavam, em razão de algum foro privilegiado, era de sua competência pronunciar após formação da culpa (art. 262 e seguintes).

Finalmente, em 1871, sobreveio a Lei nº 2.033, de 20 de setembro, regulada pelo Decreto nº 4.824, de 22 de novembro do mesmo ano, que modificaram toda a Legislação Judiciária criminal, entregando tanto ao sistema policial quanto ao judiciário criminal uma aparência que, de então para os dias de hoje, quase não sofreu alteração. Foi praticamente extinta a jurisdição policial,[41] ficando em seu lugar o inquérito policial

---

[38] "Art. 17. Os Delegados de Policia, quer sejão Juizes Municipaes, quer sejão tirados d'outra classe do cidadão, empregaráõ no expediente e escripturação de todos os negocios a seu cargo os Escrivães e Officiaes de Justiça que servirem perante Juizes Municipaes, os quaes serão obrigados a obedecer-lhes e a cumprir as suas ordens, debaixo das penas da Lei" [sic].

[39] Esse modelo está conceituado no subcapítulo 3.1

[40] O Regulamento 120/1842, nos arts. 285 e seguintes, definia *pronúncia* como sendo o despacho de procedência ou improcedência da existência de um crime, bem como sua respectiva autoria, conforme queixa, denuncia, ou procedimento *ex officio*, devendo decretar a prisão nas hipóteses em que cabível.

[41] "Art. 9º Fica extincta a jurisdicção dos Chefes de Policia, Delegados e Subdelegados no que respeita ao julgamento dos crimes de que trata o art. 12 §7º do Codigo do Processo Criminal,

CAPÍTULO 1
A ORIGEM DA CRISE DE IDENTIDADE DO FLAGRANTE DELITO NO BRASIL | 35

constituído por atos processuais muito assemelhados aos procedimentos anteriormente realizados no processo de julgamento policial. Por meio do inquérito, chefes de polícia, delegados e subdelegados podiam pronunciar e proceder à formação de culpa. Foram abolidos ainda os procedimentos *ex officio*, salvo nos casos de flagrante delito e nos crimes policiais. Parte da jurisdição policial foi restituída aos juízes de paz,[42] e as demais distribuídas entre os outros juízes. Destacamos que o julgamento a respeito do flagrante delito, ou seja, a atribuição de definir se de fato ocorreu um crime em flagrante e sua consequente punição de prisão até posterior julgamento da causa, se manteve com a autoridade policial.

É claro na referida norma que os crimes de maior importância ou gravidade passaram a ser julgados por juízes de direito, enquanto os juízes municipais e os juízes de paz se ocupariam dos conflitos de menor relevância. Apesar disso, outras competências tipicamente judiciárias foram mantidas na polícia,[43] como a concessão de fiança, determinação de exame de corpo de delito e a expedição de mandados de busca. Nos debates legislativos da época, era previsto que o inquérito materializasse "um auxílio para esclarecimento destinado a suprir a ausência do juiz na formação de culpa".[44]

No que tange à prisão em flagrante delito, o art. 12 da Lei n.º 2.033/1871 identificava como *competentes* para lavrar o auto de prisão Chefes de Polícia, Juízes de Direito e seus substitutos, Juízes Municipais

---

assim como quanto ao julgamento das infracções dos termos de bem viver e segurança, e das infracções de posturas municipaes". [sic]

[42] "Art. 2º Aos Juizes de Paz, além das suas actuaes attribuições, compete:
§1º O julgamento das infracções de posturas municipaes com appellação para os Juizes de Direito; ficando porém supprimida a competencia para julgar as infracções dos termos de segurança e bem viver.
§2º A concessão da fiança provisória". [sic]

[43] Pelo Decreto 4.824 de 22 de novembro de 1871
"Art. 10. As attribuições do Chefe, Delegados e Subdelegados de Policia subsistem com as seguintes reducções:
1º A da formação da culpa e pronuncia nos crimes communs.
2º A do julgamento dos crimes do art. 12, §7º do Codigo do Processo Criminal, e do julgamento das infracções dos termos de segurança e de bem viver.
Art. 11. Compete-lhes, porém:
1º Preparar os processos dos crimes do art. 12, §7º do citado Codigo; procedendo ex-oficio quanto aos crimes policiaes.
2º Proceder ao inquerito policial e a todas as diligencias para o descobrimento dos factos criminosos e suas circumstancias, inclusive o corpo de delicto.
3º Conceder fiança provisória". [sic]

[44] VIEIRA; SILVA, op. cit, p. 82.

e seus substitutos, Juízes de Paz, Delegados e Subdelegados de Polícia. Ressaltamos a manutenção do termo *competência* ao se referir ao auto de prisão em flagrante, que indica o poder jurisdicional exercido por estas autoridades. Em crimes menores, mesmo os inspetores de quarteirão, oficiais de justiça ou comandantes da força que efetuassem a prisão poderiam proceder com a lavratura do auto, devendo, no entanto, libertar o acusado para comparecimento posterior perante autoridade judicial. Nestes casos, não se falava em competência de inspetores, oficiais de justiça e comandantes. O processo do flagrante era entendido como *ex officio*, sendo instaurado sem provocação e conduzido inteiramente em âmbito policial. Caso o réu fosse detido e, ao invés de levado à polícia, fosse conduzido imediatamente à autoridade judicial, a polícia apenas auxiliaria fornecendo eventuais provas de sua culpa. Se não fosse conduzido imediatamente ao juiz competente, a autoridade policial deveria proceder ao inquérito visando à formação de culpa para posterior encaminhamento ao juízo (arts. 40 e 41 do decreto).

As próximas mudanças, ainda que singelas, datam do Código Penal de 1890 após a Proclamação da República, em 1889.[45] Não existe no Código Penal de 1890, ou mesmo na Constituição de 1891, qualquer referência aos juízes de paz, delegados e subdelegados. Por outro lado, o decreto nº 463, de 7 de junho de 1890, previa que cumpria aos delegados de polícia lavrar autos de prisão em flagrante (art. 17, §2º), o que veio a ser reforçado pelo decreto 1.034-A de 1º de setembro de 1892. Uma mudança mais significativa foi o deslocamento da fase de formação de culpa do Poder Judiciário para o Executivo Estadual, de acordo com a nova estrutura federalista. Nesse passo, retirou-se formalmente a Polícia do Judiciário, apesar de o Judiciário e suas práticas nunca terem saído definitivamente da Polícia Judiciária. Isso pode ser mais fortemente sentido quando analisamos o processo de busca pela verdade real, identidade do inquérito policial,[46] ou mesmo nos atos excessivamente burocráticos e positivados pela legislação. Atos como oitiva de testemunhas pela autoridade policial (que será objeto de reflexão no item 3.4), formulação de representações ao juízo, intimação, entre outros, nunca deixaram a esfera policial brasileira. Foram mantidos procedimentos

---

[45] CARVALHO, José Murilo de. *Dom Pedro II*. São Paulo: Companhia das Letras, 2007, p. 219-220.

[46] VIEIRA; SILVA, op. cit, p. 84.

de quando a polícia ainda era parte do Poder Judiciário, apresentando, pois, pouca eficácia para suas funções junto ao Poder Executivo.

É interessante refletir que, apesar de o movimento republicano basear uma de suas frentes na crítica ao autoritarismo imperial (em razão da opressão sobre militares, os verdadeiros responsáveis pela Proclamação da República), não houve interesse na modificação do Inquérito Policial, procedimento de natureza inquisitorial e de poderes alargados para uma estrutura policial de raiz absolutista.[47] Pelo contrário, a República da Espada, como foi chamado o Governo Provisório comandado pelo Marechal Deodoro da Fonseca, se aproveitou do modelo existente para se impor sobre a população de maneira arbitrária. Apesar de a Proclamação da República modificar toda a estrutura do Estado brasileiro, incluídas aí a própria Constituição e suas instituições, não teriam ocorrido mudanças substanciais na sociedade em si. Em pouco tempo a sociedade voltaria ao ponto de partida, mantendo-se os antigos donos do poder onde estavam enquanto se acomodavam os novos que chegaram.[48]

A Constituição de 1891 permitiu a possibilidade de cada Estado ter sua própria norma processual, mas nem todos optaram por criar suas próprias legislações. Modificações pontuais se sucederam no tratamento dado à prisão em flagrante delito, que seguiu estável até os dias de hoje. Após a revolução de 1930 e com a Constituição de 1934, houve previsão para a possibilidade da manutenção do juiz de paz como magistrado eletivo desde que os recursos de suas decisões fossem dirigidos para a justiça comum. A prisão se manteve como exclusivamente em flagrante ou advinda de ordem de autoridade legal. A Constituição outorgada em 1937 acrescenta às possibilidades de prisão em flagrante e determinada por autoridades competentes, "casos determinados em Lei".[49] Nela também foi sustentada a possibilidade de criação da justiça eletiva,

---

[47] Para Regina Mendes, o inquérito policial tinha uma inspiração consistente no processo inquisitorial e canônico, que havia igualmente influenciado o processo criminal português, vigente no Brasil até 1830. Essa influência provavelmente teria decorrido da atribuição pela coroa portuguesa ao Tribunal do Santo Ofício o julgamento de crimes não religiosos. Essa proximidade da justiça portuguesa incutida pelo exercício atípico da autoridade religiosa sobre a população civil teria influenciado profundamente tanto a tradição processual penal portuguesa quanto a colonial (MENDES, Regina Lúcia Teixeira. A Invenção do Inquérito Policial brasileiro em uma perspectiva histórica comparada. *Revista SJRJ*, nº 22 – Direito Penal e Processual Penal. Rio Grande do Sul, 2002, p. 147-169).

[48] FERREIRA, Jorge; DELGADO, Lucilia de Almeida Neves. *O Brasil Republicano*. Rio de Janeiro: Civilização Brasileira, 2003, 1 v, p. 55.

[49] Art. 122, (11), CF/1937. O dispositivo veio a ser suspenso pelo Decreto nº 10.358, de 1942.

mas sem menção de competência criminal desde a Proclamação da República. Com esse breve resumo, chegamos ao Código de Processo Penal de 1941, que será explorado em detalhes a seguir.

1.2 Conflito de intenções: a prisão em flagrante se encontra com a Constituição de 1988

Como demonstrado, quando da sua inserção no ordenamento jurídico brasileiro, a prisão em flagrante delito sempre teve natureza de espécie de prisão cautelar processual. A regra era que o preso em flagrante fosse mantido em cárcere até o julgamento de sua ação,[50] salvo na hipótese de livrar-se solto. As possibilidades de o réu detido em flagrante conseguir ser libertado durante o processo variaram ao longo dos anos, tanto nas condições quanto na qualidade dessa liberdade. Graças ao estudo promovido ao longo do tópico anterior, é possível compreender que essa modalidade de prisão era decretada em razão de verdadeira competência jurisdicional, fosse exercida pelos juízes de paz, autoridade policial, ministros criminais ou juízes.

Enquanto prisão provisória, o flagrante delito é decretado no curso da persecução criminal, enquanto a prisão-pena é imposta àquele já considerado culpado ao final do processo e deve ser aplicada no escopo da teoria da pena, prevista na parte geral do Código Penal.[51] Assim, quando estamos falando da prisão em flagrante, não há como desentranhá-la da ideia de que, para que seja decretada, a autoridade determinante tecnicamente deveria ter competência jurisdicional.

Como demonstrado nas páginas anteriores, apesar de a organização e estrutura da Polícia Judiciária terem se originado do âmbito do Poder Judiciário no século XIX, percebemos que, apesar de perder sua competência jurisdicional, a polícia carregou consigo outras competências que, formalmente, deveriam ter se mantido exclusivamente no Judiciário. Assim, mesmo após a Proclamação da República e com a implementação de um código nacional de processo penal em 1941, a

---

[50] LIMA, Renato Brasileiro de. *Manual de processo penal*. Volume único. 6. ed. Salvador: JusPodivm, 2018b.

[51] IENNACO, Rodrigo. *Reforma do CPP*: cautelares, prisão e liberdade provisória. Biblioteca Digital do Tribunal de Justiça de Minas Gerais, 2012. Disponível em: https://bd.tjmg.jus.br/jspui/handle/tjmg/8482. Acesso em: 20 nov. 2021.

prisão em flagrante continuou se apresentando como verdadeira espécie de prisão em exercício de *excepcional função judiciária.*

O poder da autoridade policial de exercer uma jurisdição mitigada minguou aos poucos juntamente a outras competências típicas de juízo que perduraram até depois de 1941, como a decretação de busca e apreensão (art. 241, CPP/41). A prisão em flagrante passou a ser condicionada a um controle de legalidade em 1977, quando se sujeitou a validação por magistrado competente após o advento da Lei nº 6.416. Pelo parágrafo único do art. 310, CPP/41, o juiz deveria avaliar a legalidade do flagrante averiguando se presentes os pressupostos da medida.[52] A ausência de qualquer pressuposto era suficiente para o relaxamento da prisão, podendo o juiz decretar prisão preventiva quando cabível. Na norma era regra que, mesmo não sendo o caso de relaxamento ou decretação de preventiva, o agente fosse mantido em cárcere em razão da prisão flagrancial até o trânsito em julgado da sentença penal.

Foi nesse contexto de prisão em flagrante como regra que surgiu o instituto da liberdade provisória. O agente detido em flagrante já se encontrava preso, porém, a depender da situação, poderia gozar de liberdade *provisória.* Sua condição a partir do momento do flagrante era de preso, sendo a liberdade uma concessão Estatal na forma de medida de contracautela processual.[53] A Constituição Federal de 1988 pouco inovou no comando de que "ninguém será preso senão em flagrante delito ou por ordem escrita e fundamentada de autoridade judiciária competente" (art. 5º, LXI), presente no ordenamento brasileiro desde a Constituição de 1824. Em sua história normativa no Brasil, o flagrante nunca foi enfrentado via mero ato administrativo, sempre estando amparado por uma avaliação jurisdicional que deveria respaldar a detenção e imediatamente transformá-la em prisão. Daí surge, tecnicamente, a ideia de *prisão em flagrante.* Essa reserva de jurisdição sempre existiu em território brasileiro, a grande diferença é que, ao longo dos séculos, as autoridades competentes para tal decretação se modificaram diversas vezes. Como veremos nos próximos capítulos, só é comum se falar

---

[52] Note-se que, sob esse conjunto de características presentes naquele momento histórico, dificilmente há que se falar em polêmica sobre a prisão em flagrante, que se apresenta como verdadeira medida cautelar de caráter penal. Com as subsequentes reformas, fica difícil defender essa posição, pois acaba necessário aceitar que autoridade administrativa determine medida cautelar de caráter penal, que deveria ser *ultima ratio*, sem efetivamente e formalmente exercer a jurisdição.

[53] LIMA, Renato Brasileiro de. *Legislação criminal especial comentada.* Volume único. 6. ed. Salvador: JusPodivm, 2018a, p. 829.

em prisão realizada pelas polícias nos países de tradição anglo-saxã, enquanto nos países da tradição romano-germânica se fala em detenção policial e posterior prisão pela autoridade judiciária. Parece-nos que o histórico nacional e a atípica formatação da nossa modelagem institucional acabaram por misturar essa regra geral.

Apesar disso, outros comandos normativos constitucionais presentes na carta de 1988 demandaram uma profunda modificação da lógica penal e processual penal. Isso foi concretizado com diversas reformas legislativas nas décadas seguintes, como as promovidas pelas Leis nos 9.099/95 e 11.690/08. Com a entrada em vigor da Lei nº 12.403/11, a prisão em flagrante delito deixou fatalmente de ser uma espécie de prisão para se tornar etapa de um procedimento,[54] condicionando a legalidade do ato e a restrição da liberdade à validação judicial por meio da decretação de prisão preventiva.

O fato é que as alterações desencadeadas pela aplicação dos princípios inaugurados pela Constituição de 1988 têm como foco principal as garantias do preso (ou detido, como iremos explorar no próximo capítulo). É inegável, porém, que a *mens legis* de preservação de garantias quase onipresente no texto constitucional entra em constante tensão com o lado mais arcaico da nossa legislação processual.[55] Essa tensão acaba sendo transparecida justamente nos arranjos institucionais dos atores da justiça criminal que tentam se acomodar em uma intrincada teia de atribuições e competências próprias ou herdadas, seja da norma atual, seja daquela que se perpetuou desde o Brasil império. Para ilustrar isso de maneira a nos fazer compreender, vamos apresentar sucintamente a trajetória do agente flagrado, desde sua contenção até o ponto em que se iniciaria a ação penal referente ao fato criminoso.

A prisão em flagrante está positivada no art. 301 do CPP/41[56] e seu texto prescreve que qualquer do povo pode prender a pessoa em flagrante (flagrante facultativo), enquanto as autoridades policiais têm

---

[54] Walter Nunes da Silva Júnior entende no mesmo sentido quando defende que a prisão em flagrante é tão somente uma detenção do agente, devendo o juiz, em momento posterior, decidir se o detido deve ser preso. Para o autor, assim como para nós, não existe a prisão em flagrante como espécie de medida acautelatória no processo penal. SILVA JÚNIOR, Walter Nunes da. *Curso de direito processual penal:* teoria (constitucional) do processo penal. Rio de Janeiro: Renovar, 2008, p. 880).

[55] GIACOMOLLI, Nereu José. Algumas marcas inquisitoriais do Código de Processo Penal brasileiro e a resistência às reformas, *Revista Brasileira de Direito Processual Penal*, v. 1, n. 1, 2015.

[56] Redação quase idêntica à do antigo art. 131 do CPCr/1832.

a obrigação de proceder com a contenção do agente delituoso (flagrante necessário).[57] Ou seja, ainda que incomum, é permitido ao cidadão conter indivíduos que estejam em claro cometimento de fato delituoso. Em casos como esse, normalmente ocorre o acionamento da Polícia Militar, que fica responsável por conduzir o agente, mormente entendido como detido, para uma delegacia de polícia, garantindo levar também os populares que devem ser ouvidos[58] como testemunhas do ocorrido.[59]

Aproveitamos a possibilidade descrita para explorar brevemente a questão da condução à autoridade, que não pode ser confundida com a juridicidade da prisão em flagrante. A redação da lei processual penal do dispositivo não está precisa, visto que não há possibilidade institucional para que o particular efetivamente *prenda* o criminoso ou mesmo o *detenha*, pela acepção técnica das palavras. Como veremos no próximo capítulo, apenas ao Estado, detentor formal do monopólio da força dentro do modelo de autoridade hierárquico,[60] cabem tais prer- rogativas. O que ocorre na situação apresentada é a mera condução do agente, percebida pelo cidadão como em estado flagrancial, para as autoridades públicas obrigadas a dar encaminhamento ao caso, que finalmente detêm o suspeito para que seja possível definir legalmente se de fato teria ocorrido o flagrante.

Quando o dispositivo trata da obrigatoriedade de a autoridade policial e seus agentes atuarem de forma compulsória ao presenciarem o flagrante ou na possibilidade de ocorrência de qualquer das modalidades de flagrante apresentadas no art. 302 do mesmo CPP, estamos diante dos casos mais corriqueiros do instituto. Nesse ponto, certa cautela necessita ser observada em relação à modelagem institucionalizada no flagrante delito. Parte da doutrina pátria, como Lopes Júnior, entende que a prisão em flagrante é uma medida penal precautelar[61] e a prisão, na verdade, deve ser entendida como uma detenção precária.[62] Afirma-se então que, até que seja lavrado o auto de prisão em flagrante – APF, não

---

[57]   GRECO FILHO, Vicente. *Manual de processo penal*. 9. ed. São Paulo: Saraiva, 2012, p. 874.

[58]   No subcapítulo 3.4, iremos abordar especificamente a questão da oitiva do acusado pela autoridade policial, que manteve a característica judicial, ainda que seja, na realidade, um ato de natureza investigativa.

[59]   Procedimento idêntico ao determinado pelo art. 5º, §8º da lei de 15 de outubro de 1827, com a única diferença de que o delegado não mais pode julgar, devendo haver novo encaminhamento do acusado ao juiz de custódia.

[60]   Cf. subcapítulo 3.1.

[61]   LOPES JÚNIOR, Aury. *Direito processual penal*. 10. ed. São Paulo: Saraiva, 2013, p. 834-835.

[62]   Trataremos sobre a distinção entre prisão e detenção para o direito internacional no capítulo 2.

há que se falar em *prisão*, mas em *detenção*, ainda que o ato jurídico seja denominado prisão em flagrante e, entendendo a autoridade policial pela inexistência de seus pressupostos, esta determine um relaxamento de prisão (ainda que não exista prisão anteriormente).[63]

A nós fica claro que se trata de verdadeira tentativa de conformar o padrão historicamente exercido pelo delegado de polícia em atribuição tradicionalmente a ele imbuída e que fazia todo sentido quando possuía competência jurisdicional. Mas, na ausência dessa competência, busca--se adequar a tradição nacional ao momento constitucional imposto pela CF/88, surgindo daí muitas das divergências doutrinárias sobre o instituto. Para ilustrar essas divergências, escolhemos algumas das posições mais antagônicas para colocá-las em evidência.

Para tanto, temos Muccio[64] defendendo que, em razão do art. 304, §1º, do CPP, o delegado tem poder para relaxar a prisão em flagrante se, a partir da oitiva do condutor, testemunhas, ofendido e do inter-rogatório do autor do fato, identificar que não seja possível deduzir fundada suspeita contra o autor. Assim, é necessário que a "prova da excludente de antijuridicidade seja segura, indene de dúvida, forte, robusta, irretorquível, incontroversa, límpida etc.",[65] caso contrário, não haveria margem para o relaxamento da prisão uma vez que dis-pensado o juízo de certeza na fase pré-processual. Capez,[66] por sua vez, entende em sentido oposto, afirmando categoricamente que se dos atos da autoridade policial não puder ser identificada a autoria, não há que se falar em relaxamento de prisão, pois, não havendo o auto de prisão em flagrante, inexiste prisão e subsiste a detenção.

Já no que tange à natureza da prisão em flagrante, Greco Filho[67] defende que seria ela medida restritiva da liberdade de natureza cautelar e processual, devendo estar presentes o *fumus boni iuris* (probabilidade de a ordem jurídica amparar o direito) e o *periculum in mora* (risco de perecimento do direito caso não resguardado). De outro lado, Renato Brasileiro entende que, após a entrada em vigor da Lei nº 12.403/11, a prisão em flagrante seria medida precautelar, uma vez que não se presta a garantir o resultado útil do processo, apenas objetivando colocar o

---

[63] Essa noção pode variar de autor para autor, como será apresentado logo a seguir.

[64] MUCCIO, Hidejalma. *Curso de processo penal*. 2. ed. Rio de Janeiro: Forense, 2011, p. 1214-1215.

[65] MUCCIO, op. cit., p. 1.215.

[66] CAPEZ, Fernando. *Curso de processo penal*. 19. ed. São Paulo: Saraiva, 2012, p. 294.

[67] GRECO FILHO, Vicente. *Manual de processo penal*. 9. ed. São Paulo: Saraiva, 2012, p. 275.

detido à disposição do juiz que tomará, este sim, uma medida cautelar quanto ao agente.[68] Nucci já busca outra linha ainda, ao compreender que o flagrante é na realidade uma medida administrativa, pois a lavratura de seu ato é realizada pela autoridade administrativa da polícia judiciária, além de ser mero formalizador da detenção.[69]

A lista de inconsistências entre os doutrinadores poderia se estender por páginas, mas mantemos estas a título de ilustração. Dessa inadequação doutrinária surgem as confusões de modelagem institucional que circundam o flagrante no Brasil, mas que são facilmente vencidas nos demais países que tenham desenvolvido de maneira coerente o instituto, conforme suas tradições jurídicas, seja europeia continental ou anglo-americana. Parece-nos mais lógico adotar uma postura diversa das teses ora apresentadas no que tange a essa matéria, aceitando definitivamente que a polícia não faz mais parte do Poder Judiciário e que a autoridade policial não pode mais decretar a prisão em flagrante. Na realidade, deveria ser avaliada a atuação policial durante o flagrante em conformidade com o prisma do direito administrativo, regime que lhe é característico. Dessa forma, o policial militar ou civil, em verdadeiro exercício de sua atribuição autoexecutiva,[70] encaminha a pessoa em estado flagrancial para uma delegacia de polícia, onde é formalizado por meio do APF, um ato de natureza administrativa (por ora, vamos deixar de lado a polêmica presente na taxonomia do ato, mas esta será discutida no capítulo 3).

Caso a autoridade policial entenda ter ocorrido de fato um flagrante delito, após concluída a lavratura do APF, deverá o detido ser conduzido ao Instituto Médico Legal – IML, e em seguida para a audiência de custódia. Entendendo a autoridade policial que não existe flagrante delito, na realidade, a não conclusão da detenção se daria por incompletude do ato administrativo, pois a prisão em flagrante delito deve, doravante, ser entendida como ato único, mas complexo. Os atos

---

[68] LIMA, Renato Brasileiro de. *Manual de processo penal*. Volume único. 6. ed. Salvador: JusPodivm, 2018b, p. 940.

[69] NUCCI, Guilherme de Souza. *Código de processo penal comentado*. 11. ed. São Paulo: Revista dos Tribunais, 2012, p. 631.

[70] Uma das características do poder executivo é ser autoexecutivo, ou seja, a administração pública pode implementar ou exercitar as decisões que entender necessárias sem precisar recorrer ao poder judiciário, podendo lançar mão de meios coercitivos, o que inclui mesmo o próprio uso da força (DIAS, Licínia Rossi Correia. *Direito administrativo I*. 1. ed. São Paulo: Saraiva, 2012, p. 60).

complexos[71] são aqueles formados pela união de vontades de mais de um órgão público ou agente, e o ato apenas se vê completo e acabado com a confirmação da mesma vontade do último órgão ou agente a se manifestar. Apenas então, pode-se dizer que o ato se torna perfeito e apto a ingressar no mundo jurídico.

Sendo assim, quando um policial militar, ainda no exemplo sugerido, realiza prisão em flagrante delito, a vontade administrativa se concretiza com o afastamento do indivíduo nocivo à sociedade. No mesmo instante, inicia-se o ato-meio do policial militar que, ao apresentar o indivíduo à polícia judiciária, pode esta reconhecer que houve o crime, lavrando afinal o APF. Se a autoridade policial não entender existir crime, o novo ato-meio não se executa, deixando assim de existir a restrição da liberdade do agente por incompletude, portanto, imperfeito o ato complexo. Na mesma medida, não há que se falar em prisão, mas em detenção, uma vez que no nosso modelo de autoridade de hierarquia, herdado da tradição continental, apenas o judiciário tem poder para determinar a prisão (definição no capítulo 3).

A prerrogativa de invalidação do ato-meio inicial também se escora no princípio da autotutela, previsto legalmente na Lei nº 9.784/99, em seu art. 53. Lazzarini[72] aponta no mesmo sentido, ao explicar que cabe à administração pública o poder-dever de rever seus próprios atos, invalidando-os se necessário quando provenientes de vício de legalidade presente na manifestação de vontade de alguma autoridade. O autor prossegue confirmando que a autoridade policial militar só finda quando a ocorrência na qual esteja atuando é apresentada para a autoridade policial civil, que por sua vez só finda quando, na forma de inquérito policial, é remetida para a Justiça Criminal.

Logo, não há que se falar em relaxamento de prisão por parte da autoridade policial, mas de anulação do ato-meio iniciado pelo policial

---

[71] MAZZA, Alexandre. *Manual de Direito Administrativo*. 3. ed. São Paulo: Saraiva, 2013, p. 236. Carvalho Filho vai além, apresentando um enfoque analítico do ato complexo e criando o que ele define como duas vontades: a vontade final e as vontades-meio. A vontade final seria o somatório final, o resultado de todas as vontades-meio envolvidas, só podendo o ato que corresponde à vontade final da Administração ser entendido como perfeito e acabado quando todas as vontades-meio necessárias tiverem sido exaradas. Cada ato-meio deve ser avaliado individualmente. Em sua tese, não é o ato em si que é complexo, mas sim a vontade-fim da Administração, que exige vários atos para se perfeccionar (CARVALHO FILHO, José dos Santos. *Manual de Direito Administrativo*. 24. ed. Rio de Janeiro: Lumen Juris, 2011, p. 146).

[72] LAZZARINI, Álvaro. *Estudos de Direito Administrativo*. 2. ed. São Paulo: Editora Revista dos Tribunais, 1999, p. 274-275.

que realizou a prisão; ou por incompletude do ato (se divergentes os entendimentos do fato), ou por ilegalidade. Caso a autoridade policial entenda que existe o flagrante, irá lavrar o APF. Só então o procedimento e o detido serão encaminhados para o juízo competente, momento em que o magistrado vai submeter-lhe a um procedimento de natureza judicial e o ato a novo controle de legalidade, convertendo-o em prisão preventiva ou soltando-o nas hipóteses já apresentadas. É importante ressaltar que os mesmos critérios analisados pela autoridade policial serão reanalisados pelo juiz de custódia, com a diferença de que aquele não possui competência jurisdicional sobre a liberdade do indivíduo, mas este sim. De qualquer forma, o trabalho jurídico realizado em sede policial vai invariavelmente ser refeito em juízo.

Uma vez conduzido o agente à presença do juiz na audiência de custódia, o réu necessariamente deve ser acompanhado de sua defesa, bem como é exigida a presença do Ministério Público. A defesa técnica nesse ponto, assim como os demais atores, não deve cuidar do desvelamento do caso em si, algo que se confundiria com o mérito da causa, mas com as circunstâncias da prisão (existência ou não do fato criminoso).[73] Dessa forma, a decisão do magistrado não pode ser diferente de concessão de liberdade provisória na inexistência dos pressupostos que justifiquem a prisão preventiva, o relaxamento da prisão ilegal ou decretação da prisão preventiva.

Imperioso destacar neste momento que todo o desenho institucional descrito alhures tem como objeto maior as garantias dos direitos do indivíduo. São essas garantias que motivam desde os comandos constitucionais até os procedimentos policiais. E não poderia ser diferente, visto que, ainda que permeado de imperfeições, o Brasil é um Estado de Direito. Nesse contexto, é necessária a compreensão de que o Estado possui limites ao seu poder de perseguir o crime e de que seus

---

[73] Em que pese o comando previsto na Resolução 213/15-CNJ vedar formulação de perguntas com finalidade de produção de provas relativas aos fatos objeto do auto de prisão em flagrante, não houve proibição dessa possibilidade na Lei nº 13.964/19, que positivou a audiência de custódia no ordenamento jurídico. Dessa forma, a provocação feita por Andrade e Alflen a respeito da impossibilidade de vedação probatória na ausência de uma lei que a determine não foi sanada (ANDRADE, Mauro Fonseca; ALFLEN, Pablo Rodrigo. *Audiência de custódia no processo penal brasileiro*. 3. ed. Porto Alegre: Livraria do Advogado Editora, 2018, p. 168-173).

atores estão restritos a um formal de regras que limita sua intervenção sobre a liberdade individual.[74]

Por outro lado, é certo que é mais que necessário e providencial que o Estado, por meio de seus agentes, impeça atos que venham a perturbar a ordem e colocar em risco outros indivíduos. Esse equilíbrio entre as liberdades negativas (derivadas do Estado de Direito) e as positivas (derivadas da participação política)[75] se materializam na atuação dentro dos parâmetros previamente definidos na legislação.[76] Isso pode ser percebido desde a atuação policial, que deve seguir regras previamente estabelecidas (legais ou infralegais), passando pela defesa técnica, Ministério Público e Judiciário.

Dessa forma, temos que o Estado de Direito prevê ao cidadão em face da polícia o direito à liberdade de ir e vir, salvo detenção em estado flagrancial, e identificação dos responsáveis por sua prisão ou por seu interrogatório policial. Em face do Ministério Público, direito ao contraditório e defesa técnica. E, em face do juiz-Estado, direito ao devido processo legal e à ampla defesa. Toda essa modelagem, permeada por outros detalhes que constituem o *totum* da justiça criminal e persecução penal, são institutos que integram o direito de apresentação e as liberdades individuais, fruto de um longo percurso de duras conquistas de direitos humanos que ora passaremos a analisar.

---

[74] CANOTILHO, Joaquim José Gomes. *Estado de direito*. 1999. Disponível em: https://www.academia.edu/4993701/Joaquim_Jos%C3%A9_Gomes_Canotilho_-_Estado_de_Direito. Acesso em: 20 nov. 2021, p. 9-12.

[75] Idem.

[76] FIGUEIREDO, Lúcia Valle, Estado de Direito e devido processo legal. *Revista de Direito Administrativo*, v. 209, n. 0, p. 7-18, 1997.

CAPÍTULO 2

DIREITO DE APRESENTAÇÃO COMO UMA CONQUISTA INTERNACIONAL DOS DIREITOS HUMANOS

Percebemos que o desenvolvimento da norma nacional sobre o instituto do flagrante delito teve um desenvolvimento desde o império português de maneira irregular, não completando totalmente um processo de separação de poderes que se estabelece de maneira mais definitiva no começo da República. Essa incompletude levou a uma série de inconsistências doutrinárias sobre a forma de se tratar o flagrante delito no Brasil. Mas seremos os únicos nessa condição? Como outros países no mundo definem os arranjos institucionais do flagrante delito? Esses questionamentos naturalmente erguem uma provocação sobre como o procedimento em flagrante delito e o direito de apresentação são considerados nas cortes internacionais e em países, seja de tradição jurídica semelhante, seja distinta da nossa.

Neste capítulo, trataremos dos direitos e garantias que tem o preso em flagrante delito do ponto de vista da norma internacional. Essas garantias nem sempre estiveram presentes, e de maneira semelhante ao que foi feito no capítulo 1, entendemos ser necessário um breve apanhado sobre como a humanidade partiu de uma realidade na qual indivíduos não possuíam qualquer pretensão acima da mera existência até a criação da complexa e sofisticada rede internacional de proteção aos direitos humanos. Essa reflexão é necessária para que seja possível compreender corretamente não apenas os desafios enfrentados na implementação desses direitos depois de eras de repressão ao indivíduo. Além disso, sem nos posicionarmos no contexto internacional, ficaríamos sem parâmetros para conseguir determinar se estaríamos em consonância ou dissonância a respeito dos direitos humanos. Isso é particularmente relevante quando nos percebemos integrantes tanto do sistema internacional de proteção aos Direitos Humanos quanto de seus sistemas regionais, notadamente da Corte Interamericana de Direitos Humanos.

É impossível destacar o entendimento da evolução dos direitos humanos sem uma breve recapitulação de sua trajetória. Da mesma maneira que isso foi necessário para compreender o surgimento da prisão em flagrante delito no Brasil, é necessário para compreender os institutos do que seria o direito de apresentação e o flagrante na doutrina internacional. Por muitos séculos, em especial entre a queda do Império Romano, a ascensão dos feudos e a formação embrionária dos Estados absolutos, os indivíduos de baixo *status* social não tinham direitos assegurados.[77] Isso deixava-os à mercê do poder de um suserano, único detentor da autoridade no uso da força, de onde passou-se a entender que emanariam os direitos.[78] Essa condição foi responsável por desenvolver o entendimento de que esses príncipes e suas decisões estariam acima do bem e do mal, do certo ou errado, por vezes rompendo limitações criadas por eles mesmos, como representação do próprio Estado.[79] Devido processo legal não era um tema necessariamente novo, mas raramente era respeitado. Foi exatamente rompendo as próprias leis e costumes que o Rei inglês João Sem-Terra, após uma série de medidas abusivas, precisou se curvar a lordes locais que lhe impuseram a assinatura da histórica Magna Carta em 1215.[80] O documento é entendido como o precursor dos direitos humanos e a primeira positivação de direitos da civilização ocidental. Pela primeira vez na história, a humanidade começava a compreender que existem indivíduos e que cabia até mesmo ao Estado respeitá-los em alguma medida.

Passaram-se séculos até que, em 1689, a Declaração de Direitos (*Bill of Rights*) fosse aprovada no parlamento inglês e acatada pelo novo Rei da Inglaterra, Guilherme III, anteriormente conhecido por ser o príncipe de Orange. O monarca subia a um trono declarado vago

---

[77] DRAHOS, Peer; BRAITHWAITE, John. *Information Feudalism*: Who Owns the Knowledge Economy? New York: The New Press, 2002, p. 21.

[78] HOBBES, Thomas. *Leviatã*. São Paulo: Abril Cultural, 1979, p. 109-115.

[79] MACHIAVELLI, Niccolo. *O Príncipe*. Rio de Janeiro: Ediouro, 1998, p. 99-102.

[80] COMPARATO, Fábio Konder. *A afirmação histórica dos direitos humanos*. 7. ed. São Paulo: Saraiva, 2010, p. 60-61.

pelo parlamento em 1688, depois que Jaime II fugiu para a França, vindo de um período extremamente turbulento na história inglesa. Foi nesse contexto, que veio a ser batizado como a *Revolução Gloriosa*, que foi pavimentada a estrada para essa importantíssima declaração, responsável por retirar de vez do monarca britânico a possibilidade de criar leis, ficando essa função especificamente como atributo do parlamento.[81] Foi o primeiro golpe que o absolutismo recebeu, pois reduziu drasticamente o poder do rei e reconhecia, finalmente, alguns direitos individuais, como a liberdade de expressão, proibição de punição cruel e o direito de peticionar ao rei.

Nesse período, já florescia em todo o Velho Mundo o movimento que veio a ser denominado *Iluminismo*. Foi a partir desse movimento que surgiu a linha filosófico-política do Liberalismo, inaugurado por John Locke.[82] Para Locke, os indivíduos necessitavam ter seus direitos resguardados pelo simples fato de terem nascido humanos, devendo ser-lhes preservadas e respeitadas naturalmente a vida, a propriedade e a liberdade.[83] Acompanhando Locke, surgiram diversas outras linhas de Iluminismo, que logo se espalharam pela Europa e não tardaram a chegar à América do Norte, ainda formada por colônias britânicas. Dessas linhas de pensamento Iluministas vieram a surgir vertentes do Liberalismo, que pretendiam a liberdade política e econômica dos indivíduos.[84]

Na mesma medida em que o movimento filosófico Iluminista britânico, acompanhado por sua corrente política liberal, inspirou a chamada *Revolução Americana*,[85] a obra de John Locke foi fortemente influenciadora da Declaração de Independência dos Estados Unidos – EUA em 1776.[86] A Constituição Americana redigida em 1787 representou para o ocidente um avanço civilizacional único, visto ter sido o primeiro documento da história política moderna a positivar princípios

---

[81]   Ibidem, p. 77-78.

[82]   HIMMELFARB, Gertrude. *Os caminhos para a modernidade*: os iluminismos britânico, francês e americano. São Paulo: É Realizações, 2011, p. 41-44.

[83]   LOCKE, John. *Dois tratados sobre o governo civil*. São Paulo: Abril Cultural, 1973, p. 51-60.

[84]   HIMMELFARB, Gertrude. *Os caminhos para a modernidade:* os iluminismos britânico, francês e americano. São Paulo: É Realizações, 2011, p. 239-280.

[85]   Ibid.

[86]   SILVEIRA, Vladimir Oliveira; FARIAS, Cyntia Mirella da Costa. *O Liberalismo Norte-Americano e o Surgimento do Direito à Busca da Felicidade*. In: Florisbal de Souza Del Omo; Antonio Marcio da Cunha Guimarães; Valéria Silva Galdino Cardin. (Org.). Direito Internacional dos Direitos Humanos. 1. ed.: FUNJAB, 2013, v. XXII, p. 385-400.

democráticos e de respeito a todo indivíduo, colocando-os em um patamar de igualdade ao próprio Estado, que deveria se sujeitar à soberania popular, e não o contrário, como era o costume no mundo até então.[87] À revolução americana se seguiu a Revolução Francesa em 1789, baseada nos ideais Iluministas da própria França[88] e que culminou com a Declaração dos Direitos do Homem e do Cidadão em 1793. Nela, foi previsto que todo homem é presumidamente inocente e que ninguém deve ser acusado, preso ou detido senão em casos determinados pela Lei.[89]

Com a assinatura da Convenção de Genebra por 16 países europeus em 1864, com o objetivo de proteção de soldados e civis em tempos de guerra, na qual era cobrada uma postura de honra e lealdade por parte dos Estados, foi inaugurada a era do direito humanitário. Nesse período, chegavam aos governantes escritos em que filósofos como Kant e Hegel se debruçavam sobre conceitos filosóficos de paz perpétua e a forma ideal dos Estados.[90] Com o fim da guerra franco-prussiana em 1871, a Europa entrou em um período de paz alongado de aproximadamente 40 anos, devido a um sutil equilíbrio de poder na região.[91] Esse equilíbrio delicado foi o que levou o império Austro-húngaro a bombardear Belgrado após a morte do sucessor do trono e iniciar as hostilidades que culminaram na primeira grande guerra, que se findou com a assinatura do Tratado de Versalhes. A instabilidade política gerada por esse tratado acabou por empurrar o mundo para a segunda guerra mundial,[92] marcada pela imposição do Estado sobre

---

[87] COMPARATO, Fábio Konder. *A afirmação histórica dos direitos humanos*. 7. ed. rev. e atual. São Paulo: Saraiva, 2010, p. 83-88.

[88] BURKE, Edmund. *Reflexões sobre a revolução na França*. Rio de Janeiro: Topbooks, 2015, p. 211-222.

[89] Pode ser acessada uma cópia traduzida do documento no *site* da Procuradoria Federal dos Direitos do Cidadão (PFDC. *Declaração dos direitos do homem e do cidadão de 1789*. Disponível em: http://pfdc.pgr.mpf.mp.br/atuacao-e-conteudos-de-apoio/legislacao/direitos-humanos/declar_dir_homem_cidadao.pdf. Acesso em 20 nov. 2021).

[90] MÁSERA, Marcos Alexandre. Kant, Hegel e o problema da paz. *Revista Opinião Filosófica*, v. 2, n. 2, 2011.

[91] Armando Vidigal descreve que a unificação alemã após derrotar o segundo império francês encerrou o sistema geopolítico criado pelo Congresso de Viena que pretendeu redefinir as fronteiras e o mapa político Europeu, profundamente modificados pelas conquistas napoleônicas. Nesse mesmo barril de pólvora estavam ainda a Itália unificada, a Rússia desconsiderando o Tratado de Paris e diversas ameaças entre os demais Estados europeus (MAGNOLI, Demétrio. *História das guerras*. 3. ed. São Paulo: Contexto, 2006, p. 314-315).

[92] MAGNOLI, Demétrio. *História das guerras*. 3. ed. São Paulo: Contexto, 2006, p. 358-360.

indivíduos e o rompimento daqueles direitos humanos que se pretendera defender num passado não tão distante.[93]

O final da segunda grande guerra trouxe a sensação de que seria necessário expandir a preocupação contra os abusos que podiam ser perpetrados contra os seres humanos por entidades estatais, vindo a ser fundada, em 1945, a Organização das Nações Unidas – ONU. Em 1948, a Comissão de Direitos Humanos das Nações Unidas formatou a Declaração Universal dos Direitos Humanos para a assinatura de seus Estados membros,[94] inspirando, por sua vez, a criação da Convenção Europeia de Direitos Humanos em 1950, representada pela Corte Europeia de Direitos Humanos – CEDH, e a assinatura do Pacto de São José da Costa Rica em 1969, que fundou a Corte Interamericana de Direitos Humanos – CIDH.

Com a implementação bem-sucedida da Declaração Universal de Direitos Humanos, foi inaugurada uma nova dimensão dos direitos do homem sob a perspectiva internacional. Ela se voltava à proteção de direitos fundamentais dos indivíduos, por meio de um sistema global de proteção de direitos humanos de um lado, concretizados por Pactos internacionais, e de instrumentos de alcance específico de outro, materializados por Convenções.[95] A seguir trataremos de como o direito internacional fundamentou temas essenciais aos direitos humanos, como a definição e tratamento de temas como prisão e detenção. Em seguida, abordaremos a aplicabilidade desses conceitos na legislação pátria.

2.1 A norma internacional como parâmetro para um arranjo coerente

Toda preocupação com julgamento justo, limitação do poder do Estado perante o indivíduo e devido processo legal que se originaram dos institutos criados para defesa dos direitos humanos desencadearam o direito de apresentação[96] e as respectivas garantias que devem

---

[93] ARENDT, Hannah. *Origens do totalitarismo*. São Paulo: Companhia das Letras, 2012, p. 369-395.

[94] PIOVESAN, Flávia. *Temas de direitos humanos*. 5. ed. São Paulo: Saraiva, 2012, p. 39-40.

[95] Ibidem, p. 41-42.

[96] Como veremos, o direito de apresentação na norma internacional é consubstanciado na determinação de que a pessoa entendida em flagrante seja "conduzida sem demora" à presença de quem possa definir sobre seu destino.

ser asseguradas no procedimento do flagrante.[97] No próximo capítulo teremos oportunidade de adentrar nos pormenores do uso de alguns países do instituto da prisão ou da detenção, o que costuma ser determinado conforme seu modelo de autoridade.[98] Por ora, cabe esclarecer que países anglo-saxões, do sistema jurídico de *common law*, seguem o chamado modelo de coordenação, que descentraliza o poder de imputação da responsabilidade criminal do Estado, portanto autorizando a realização de prisão por polícias ou acusação, ainda que um juiz ou outra autoridade necessite confirmar a prisão. Já nos modelos de hierarquia, típicos do sistema romano-germânico de *civil law* da Europa continental, geralmente só se fala em prisão após apreciação do judiciário, o que coloca a pessoa surpreendida em flagrante pela polícia na condição de detida.

Não obstante essas particularidades, os tratados internacionais precisam abarcar conceitualmente todos os matizes possíveis dos países signatários que integram os sistemas internacionais de proteção aos direitos humanos. O Corpo de Princípios para a Proteção de Todas as Pessoas Submetidas a Qualquer Forma de Detenção ou Prisão, adotado pela assembleia geral da ONU em 1988 por meio da Resolução 43/173, contribuiu na parte terminológica destes conceitos. Nele, a prisão é descrita como o ato de apreender uma pessoa em razão do suposto cometimento de um crime ou pela ordem de uma autoridade. Pessoa detida seria aquela privada de sua liberdade pessoal, salvo quando essa privação é em decorrência da condenação por um crime. Detenção é a condição em que se encontra a pessoa detida.[99] Para o Corpo de Princípios, a prisão-pena é aquela à qual é submetida a pessoa que esteja aprisionada (*imprisoned person*), pois privada de sua liberdade em razão de uma condenação criminal.

---

[97] O flagrante delito é tratado como espécie do gênero internacionalmente denominado prisão/detenção sem mandado. O sistema anglo-americano o denomina em inglês como *arrest without a warrant/ warrantless arrest/ unwarranted arrest*; enquanto o sistema latino-americano costuma chamar de *detencion preventiva/detenida sin orden judicial* em espanhol ou, no latim, *flagrante delicto*.

[98] DAMAŠKA, Mirjan. Structures of authority and comparative criminal procedure. *The Yale Law Journal*, v. 84, n. 3, p. 480-544, 1975.

[99] A desambiguação aqui é essencial, uma vez que na língua portuguesa a palavra prisão é utilizada tanto para a prisão provisória quanto para prisão-pena, enquanto no inglês se distinguem *arrest* de *detention*, e ambas de *imprisionment*. Isso é especialmente simbólico aqui, pois o próprio Corpo de princípios referido, quando de sua tradução para o português, não se prestou a distinguir *arrest* de *imprisionment* como o faz a versão original. Assim, a conceituação realizada logo na abertura do documento apenas contribuiu para deixar mais conturbada a compreensão dos termos em sua versão portuguesa.

É essencial para nosso tema tratar a fundo da distinção entre os institutos da prisão e da detenção. De acordo com o Comentário nº 35 sobre o Artigo 9º do Pacto Internacional de Direitos Políticos e Civis – CCPR/C/GC/R.35,[100] adotado pelo Comitê de Direitos Humanos da ONU em 2014,[101] *prender* é definido como a apreensão de alguém, iniciada pela privação de sua liberdade, e que continua até sua libertação. Já *detenção* é o *status* de uma pessoa em custódia, sendo detento aquele que se encontra privado da sua liberdade pessoal.[102] Podemos perceber que há pouca ou nenhuma distinção entre o Comentário da CCPR/C/GC/R.35 e os termos do Corpo Principiológico supracitado. Para a literatura internacional, quando algum indivíduo é preso, significa que o Estado está imputando-lhe a autoria pelo cometimento de um crime, ou possui motivos sólidos para crer que seja autor de um crime. Ou seja, será iniciado um processo de responsabilização criminal contra tal pessoa para que seja comprovado ou negado seu envolvimento em dada conduta criminosa, além de ser necessária a formalização dessa prisão por autoridade legal. Essa obrigação decorre do art. 9.2 do Pacto Internacional de Direitos Políticos e Civis, que impõe, além dos demais procedimentos da legislação local, a informação no momento da prisão sobre as acusações imputadas e os motivos da prisão. Se o Estado não emitir o mandado de prisão após ser efetivada uma prisão (e não a mera detenção), abre-se brecha para sua responsabilização por danos causados ao indivíduo.[103]

Eventual revisão de uma prisão provisória que em princípio cumpriu todos os requisitos de legalidade não tem o condão de gerar

---

[100] Escolhemos o referido documento como paradigma para definição dos conceitos a serem seguidos ao longo do presente capítulo em razão de a ONU ser o organismo internacional que cobre todos os países a serem debatidos. Não obstante, o Pacto Internacional de direitos políticos e civis também foi assinado pelo Brasil e entrou em vigor por meio do Decreto 592/92. (ORGANIZAÇÃO DAS NAÇÕES UNIDAS. *Pacto Internacional sobre Direitos Civis e Políticos*. Adotado pela XXI Assembleia Geral da ONU, Nova Iorque, Estados Unidos da América, 16 de dezembro de 1966. Disponível em: https://www.ohchr.org/en/professionalinterest/pages/ccpr.aspx. Acesso em: 20 nov. 2021).

[101] ORGANIZAÇÃO DAS NAÇÕES UNIDAS. United Nations Human Rights – Office of the High Comissioner. *International Covenant on Civil and Political Rights – General Comment N. 35 – Article 9: Liberty and Security of person.* CCPR/C/GC/35. 16 de dezembro de 2014. Disponível em: https://documents-dds-ny.un.org/doc/UNDOC/GEN/G14/244/51/PDF/G1424451.pdf?OpenElement. Acesso em: 4 ago. 2022.

[102] Art. 9, (3) do Pacto Internacional de Direitos Políticos e Civis.

[103] No caso, estamos diante da prisão ilegal. O art. 9, (5) do Pacto Internacional de Direitos Políticos e Civis fala de prisão ou encarceramento, o que reforça a distinção que vimos fazendo entre prisão provisória, nosso tema, de prisão-pena, que seria o encarceramento.

indenização pelo Estado, pois há boa-fé por parte dos agentes públicos e o ato teria sido conduzido dentro do devido processo legal. A prisão apta a ser indenizável é aquela na qual o devido processo legal é rompido ou em que as determinações da norma local ou de tratados internacionais não são seguidas.[104] Importa ressaltar que uma pessoa pode ser entendida como presa mesmo que não esteja formalmente nessa condição segundo a legislação doméstica, podendo o Estado ser responsabilizado pelos abusos daí decorrentes.

No que toca à detenção, podemos afirmar que ela se dá quando alguém está sendo retido pela polícia, podendo a detenção se desenvolver para prisão ou não. Internacionalmente, não é incomum a possibilidade de detenção pela polícia para que sejam esclarecidos fatos presentes de provável cometimento de crime ou fundada suspeita de seu cometimento (*probable cause*). No Brasil, por muitos anos houve um sistema semelhante, as chamadas *prisões para averiguação*, não mais permitidas no país desde a Constituição de 1988.[105] Mais uma vez, percebemos profunda confusão terminológica entre o costume internacional e o nacional, posto que internacionalmente fala-se de *detenção* para averiguação, enquanto no Brasil era *prisão* para averiguação. Conforme o histórico explorado no capítulo anterior, essa averiguação no Brasil não teria sido um ato administrativo, mas judicial, decretado pelos chefes da polícia que também possuíam jurisdição, fossem eles juízes de paz, delegados ou chefes de polícia. Justamente para evitar desvios terminológicos que porventura viessem a surgir (maliciosamente ou não) entre os países membros da comunidade internacional, convenções como o Corpo de Princípios para a Proteção de Todas as Pessoas Submetidas a Qualquer Forma de Detenção ou Prisão se ocuparam de definir todas as variáveis terminológicas, buscando enquadrar nas garantias protegidas pelos tratados internacionais os procedimentos realizados em cada país.

---

[104] ORGANIZAÇÃO DAS NAÇÕES UNIDAS. Comitê Internacional de Direitos Humanos da ONU. *Communication 963/2001: Uebergang vs. Australia*. CCPR/C/71/D/963/2001. 73ª Sessão, 22 de mar. 2001. (Ver parágrafo 4.2).

[105] SANTA CATARINA. TRIBUNAL DE JUSTIÇA. (Segunda Câmara Criminal). *Acórdão 1998.013359-9 - SC. APR 122599TJ-SC-APR:133599 SC de São Francisco do Sul*. Abuso De Autoridade – Lei N. 4.898/65 – Prisão para Averiguações – Ausência De Ordem De Prisão Ou De Flagrante Delito – Atentado À Liberdade De Locomoção Configurado. Agentes Que Agridem Presos Para Obter Confissões – Lesões Comprovadas Pericialmente – Palavras Firmes E Coerentes Das Vítimas – Declarações Inverídicas Dos Réus - Violação Da Integridade Física Configurada - Condenação Mantida. [...]. Relator: Nilton Macedo Machado. 9 de março de 1999.

CAPÍTULO 2
DIREITO DE APRESENTAÇÃO COMO UMA CONQUISTA INTERNACIONAL DOS DIREITOS HUMANOS | 55

Conceitualmente, uma pessoa pode ser detida e depois presa, ser presa sem ter sido detida ou ainda ser detida sem se seguir prisão. A detenção seguida de prisão pode acontecer, por exemplo, caso o sujeito seja conduzido à delegacia após pego em flagrante delito, e subsequentemente o juiz determinar sua prisão. Por outro lado, pode ocorrer de um réu em processo penal estar em liberdade e, condenado, se apresentar espontaneamente para as autoridades, o que seria a prisão sem detenção. A detenção sem prisão pode se dar, por exemplo, sempre que após o agente ser detido em flagrante, venha a ter uma revogação do ato em razão de ilegalidade. Em regra, falamos em flagrante delito, quando a pessoa é flagrada no cometimento do fato criminoso (flagrante próprio ou impróprio), é detido pela polícia ou a ela entregue, e preso por ordem legal (vindo a responder a uma ação penal). Como iremos perceber, do flagrante pode decorrer prisão ou detenção pela polícia, a depender do modelo de autoridade do sistema de justiça criminal, mas para que a pessoa possa ser mantida sob custódia do Estado, necessita invariavelmente estar formalmente presa pela autoridade judicial.

É importante que fique claro que, ao tratar de processo e procedimento na esfera penal, estamos voltados para a contenção do poder do Estado perante o indivíduo conforme as conquistas oriundas de centenas de anos de sacrifícios narrados no começo deste capítulo. Essa institucionalidade tem como objeto as possibilidades e limites de atuação do Estado, e não da legítima atuação de cidadãos que porventura venham a conter alguém que acreditem estar infringindo a norma, conduzindo-o ao poder estatal. Apenas com a restrição da liberdade do agente por parte do Estado, finalmente entramos nas possibilidades de detenção, prisão e demais formas de restrição de liberdade descritas.

Ponto de destaque para a validade da prisão ou detenção é que ela seja legal e não arbitrária.[106] Há de se pontuar que não é porque determinada atuação do Estado é regularmente prevista em lei, que deixa de ser arbitrária. Não é incomum que determinados Estados positivem em sua legislação e regramentos a possibilidade para agir de forma arbitrária contra indivíduos daquele país ou região. O conceito

---

[106] A primeira menção encontrada em tratados internacionais multilaterais e envolvendo o Brasil a esse respeito foi na Declaração Universal dos Direitos Humanos – DUDH, de 1948, pela Resolução 217 A da Assembleia Geral. O artigo 9 da Declaração é que "ninguém pode ser sujeitado à prisão arbitrária, detenção ou exílio". A rejeição à arbitrariedade na detenção e prisão veio a ser reproduzida amplamente em diversos outros instrumentos internacionais posteriores à DUDH, como será explorado ao final deste capítulo.

de arbitrário é mais amplo que o de ilegal e teve suas balizas estudadas no caso de *Albert Womah Mukong vs. Cameroon*, decidido pelo comitê de direitos humanos da ONU.[107] Nesse julgado, o autor acusa o governo de Camarões de violar seus direitos resguardados pelo Pacto Internacional sobre Direitos Civis e Políticos, assinado pelo seu próprio país. O autor, um jornalista e crítico do sistema monopartidário de Camarões, fora preso em junho de 1988 após críticas realizadas ao presidente e ao governo. Segundo seu relato, teria ficado detido em uma cela de 25 metros quadrados juntamente a outros 25 a 30 detidos, sem receber comida, água ou ter acesso a banheiros durante um mês. No mês seguinte, teria sido transferido para uma cela no quartel-general da polícia de Yaound, mas sem poder vestir roupas e precisando dormir no concreto. Só teve acesso a papelões de caixas velhas para dormir e a poder vestir roupas depois de desenvolver uma bronquite crônica. Foi solto apenas em maio de 1989, mas voltou a ser preso em fevereiro de 1990 após participar de um encontro a respeito do multipartidarismo democrático em Camarões em janeiro do mesmo ano. Entre fevereiro e março, teria ficado em uma prisão na qual sofrera tortura psicológica e maus-tratos, período no qual dois *habeas corpus* lhe foram negados em razão de as acusações pelas quais estava preso terem sido oferecidas perante um tribunal militar.

O Estado de Camarões, em sua versão, declarou que o autor teria sido preso em razão de intoxicar a opinião pública nacional e internacional por meio de declarações subversivas de que a crise econômica do país se devia majoritariamente à corrupção generalizada, bem como à postura do próprio povo. Para o país, o autor teria sido regularmente condenado no tribunal militar de Bafoussam após a denúncia apresentada pelo ministro assistente de defesa. Adicionalmente, o Estado afirmou que o autor teria sido inerte para buscar a responsabilização do tratamento que alegava ao não recorrer a uma série de normas domésticas que teriam esse objetivo. Negou que o autor tivesse sido torturado ou submetido a quaisquer abusos durante sua detenção entre junho de 1988 e fevereiro/março de 1990. Alegou ainda que a prisão a que foi submetido o autor entre junho de 1989 e fevereiro de 1990 não pode ser qualificada como arbitrária, pois ocorrida em decorrência de

---

[107] ORGANIZAÇÃO DAS NAÇÕES UNIDAS. Comitê Internacional de Direitos Humanos da ONU. *Communication N. 458/1991. Womah Mukong vs. Cameroon.* UN doc. CCPR/C/51/D/458/1991 [1994]. 51ª sessão, 21 jul. 1994. Disponível em: https://juris.ohchr.org/Search/Details/321. Acesso em: 20 nov. 2021. (Ver parágrafo 9.8).

suas atividades como opositor e ativista, consideradas ilegais. Nesse sentido, a norma do país estaria em consonância com o que seus compromissos internacionais determinam, em especial a respeito do Pacto Internacional sobre Direitos Civis e Políticos, negando que as liberdades de expressão e opinião do autor tivessem sido violadas.

O Comitê rejeitou a maioria das argumentações e fatos apresentados pelo Estado Membro, mas o mais significativo foi sua fundamentação no que tange à arbitrariedade. A primeira medida foi entender que não havia qualquer conformidade da prisão e detenção do autor nos termos postos pelo art. 9º do Pacto Internacional sobre Direitos Civis e Políticos. Em seguida, buscaram definir se era possível que uma prisão e detenção legalmente exercitadas, ou seja, em atendimento ao que a legislação doméstica prevê, podem ser entendidas como arbitrárias. Nesse ponto, a própria redação do parágrafo primeiro do art. 9º[108] traria a compreensão de que o conceito de *arbitrariedade* não pode ser confundido com o de *ilegalidade*. Uma vez que a própria tipografia do dispositivo separa em sentenças distintas a prisão/detenção arbitrárias do que seria entendido como contra o que está estabelecido na lei, não haveria sentido compreendê-las como sinônimas. Logo, a Corte entendeu como correto que o conceito de arbitrariedade deveria ser mais abrangente que o de legalidade, pois não é impossível imaginar uma lei formalmente estabelecida, mas materialmente arbitrária. Assim, o conceito de arbitrariedade deve ter elementos de inapropriado, injusto, imprevisível e insegurança jurídica ou inadequação do devido processo legal. A conclusão foi de que é possível que uma prisão seja ilegal e arbitrária, ou legal e ainda assim arbitrária.

O CCPR/C/GC/R.35 também destacou uma questão central para o debate aqui proposto, qual seja, a revisão judicial da detenção ou prisão em flagrante. O item 3º do artigo 9º do Pacto Internacional de Direitos Políticos e Civis determina que toda pessoa presa ou detida deve ser conduzida, sem demora, à presença do juiz ou outra autoridade habilitada por lei a exercer funções judiciais. Não é por acaso que a redação é praticamente idêntica àquela presente no Pacto de São José da Costa Rica, uma vez que ambos foram inspirados em um outro tratado mais antigo, a Convenção Europeia de Direitos Humanos em seu art. 5º,

---

[108] No original: *"Article 9: Everyone has the right to liberty and security of person. No one shall be subjected to arbitrary arrest or detention. No one shall be deprived of his liberty except on such grounds and in accordance with such procedure as are established by law".*

§3º. O Comentário assevera que essa revisão é devida mesmo antes de existir uma ação penal. Como será destrinchado a seguir, essa regra se presta não só para avaliação de legalidade, mas também para sujeitar a prisão ou detenção a um controle com características e garantias como aquelas existentes no Poder Judiciário.[109]

Trataremos com a profundidade adequada o tema no próximo subcapítulo, que avaliará a Convenção. Por ora, importa ressaltar que a ONU entendeu que a revisão de caráter judicial da prisão ou detenção se aplica a todos os casos e a qualquer tempo, sem exceção. Isso pode ser claramente observável no julgamento *V. Kulomin vs. Hungary,*[110] onde o autor, um cidadão russo, acusou o Estado Húngaro de tê-lo mantido preso de maneira que não teriam sido respeitados seus direitos previstos no protocolo opcional do Pacto Internacional sobre Direitos Civis e Políticos. Sua prisão teria fundamento na acusação de que teria cometido homicídio contra um cidadão húngaro. Duas foram as teses centrais debatidas neste julgamento de grande relevância para a discussão ora abordada: primeiro, a razão temporal da aplicabilidade do tratado; segundo, a questão da autoridade à qual foi apresentado o preso.

Inicialmente, a questão temporal foi fundamental para a aplicabilidade da norma. Isso porque o autor teria sido preso em agosto de 1988, mas o protocolo opcional no qual se baseavam as alegações do autor só entrou em vigor na Hungria em dezembro de 1988. É justamente essa a linha de defesa do país, ao alegar que, de acordo com o art. 28 da Convenção de Viena, não haveria competência do Comitê, que estaria precluso por *ratione temporis*. Em resposta a isso, o Comitê demonstrou que parte da Audiência Preliminar (*pre-trial hearing*)[111] da detenção do

---

[109] ORGANIZAÇÃO DAS NAÇÕES UNIDAS. United Nations Human Rights – Office of the High Comissioner. *International Covenant on Civil and Political Rights – General Comment N. 35 - Article 9: Liberty and Security of person.* CCPR/C/GC/35. 16 de dezembro de 2014. Disponível em: https://documents-dds-ny.un.org/doc/UNDOC/GEN/G14/244/51/PDF/G1424451.pdf?OpenElement. Acesso em: 4 ago. 2022

[110] ORGANIZAÇÃO DAS NAÇÕES UNIDAS. Comitê Internacional de Direitos Humanos da ONU. *Comunicação N. 521/1992, V. Kulomin vs. Hungary,* UN doc CCPR/C/50/D/521/1992. 56ª sessão, 22 mar. 1996. Disponível em: http://hrlibrary.umn.edu/undocs/html/VWS52156.htm. Acesso em: 20 nov. 2021. (Ver parágrafo 11.2).

[111] Internacionalmente, a Audiência Preliminar é uma fase anterior à audiência de julgamento propriamente dita. Ela pode ser uma audiência que prepara a ação para o julgamento em si, mas também pode ser o local de apresentação do detido em flagrante, funcionando como juizado de garantias. Para a Corte Penal Internacional, a Câmara de Audiência Preliminar é responsável por receber representações do Gabinete de Promotoria de Justiça por pedidos de prisão ou comparecimento de indivíduos suspeitos de cometimentos de crimes de sua competência. A audiência, que pode impor a presença do acusado por mandado de prisão

autor, bem como seu julgamento, ocorreram após dezembro de 1988, o que garantiu a competência para a atuação da Corte.

Superada a questão da admissibilidade, no mérito, a alegação da Hungria que nos interessa reside na questão do direito de apresentação do preso. Nesse sentido, o Estado húngaro afirmou que em 1988 a regra legal para prisão e detenção no país determinava que toda pessoa suspeita de cometimento de um crime grave poderia ser detida pela polícia por um prazo não superior a 72 h. Após esse período, seria necessário que a detenção fosse estendida pela decisão de um promotor de justiça ou mesmo da corte, mas que o promotor só teria sua atribuição terminada uma vez que o detido fosse apresentado para sua Audiência Preliminar em até um mês. Extrapolado o primeiro mês, outros promotores de maior hierarquia poderiam prorrogar a detenção por um ano, quando finalmente cessaria sua atribuição e/ou o detido deveria ser solto ou deveriam outras prorrogações ser determinadas pela justiça. Para o Estado húngaro, seus promotores de justiça deveriam ser entendidos como autoridades com poder de exercer funções judiciais, em razão de o chefe da promotoria ser eleito pelo parlamento e os demais promotores estarem a ele subordinados. Dessa forma, o Estado conclui que a organização da promotoria não possuía qualquer ligação com o poder executivo, o que teoricamente conferiria certa independência funcional.

No mérito da questão, o Comitê decidiu que o objeto do art. 9º, §3º da Convenção é que a detenção seja submetida a controle judicial e que essa violação se prolata no tempo até que seja a pessoa levada à presença do judiciário. No caso em concreto, o comitê rejeitou que o promotor de justiça possa ser entendido como autoridade apta a receber o detido para revisão do ato de restrição de liberdade, pois esta deve ser uma autoridade independente, objetiva e imparcial em relação à

---

ou intimação, inaugura a fase da audiência preliminar, ou pré-julgamento (*pretrial*), na qual será avaliado haver ou não evidências suficientes para o caso prosseguir para julgamento. A primeira parte da Audiência Preliminar é a chamada Audiência de Apresentação (*initial appearance hearing*), na qual os juízes devem confirmar a identidade do acusado e garantir que ele compreende as acusações a ele imputadas. A segunda parte da Audiência Preliminar é aquela na qual a promotoria e a defesa apresentam suas alegações, a promotoria tentando convencer o juízo de que possui elementos para a acusação e a defesa tentando dispensar a denúncia. Também existe espaço para as manifestações dos representantes legais das vítimas. Havendo evidências suficientes, os juízes podem marcar um julgamento, caso contrário, podem solicitar mais informações da acusação ou dispensar o caso (Ver: INTERNATIONAL CRIMINAL COURT. *Pre-Trial stage*. Disponível em: https://www.icc-cpi.int/Pages/Pre-Trial.aspx. Acesso em: 20 nov. 2021).

matéria em apreço. Não havia na figura do promotor de justiça húngaro a imparcialidade necessária ou a objetividade institucional para que pudesse exercer de maneira satisfatória essa função. É interessante destacar que a Hungria é um país que segue a tradição de *civil law*, inspirada na legislação alemã. Por esse modelo de hierarquia, a regra é de detenção pelo Executivo até que um magistrado se manifeste sobre a possibilidade ou não de prisão. Mais uma vez, há também contribuição terminológica fornecida pelo Corpo de Princípios para a Proteção de Todas as Pessoas Submetidas a Qualquer Forma de Detenção ou Prisão. No documento, a "outra autoridade com autorização para realizar função judicial" seria aquela cujo corpo normativo forneça "garantias sólidas de competência, imparcialidade e independência".[112]

A expressão *sem demora* deve ser compreendida como *o quanto antes*, apesar de estar estabelecido no CCPR/C/GC/R.35 que o prazo de 48 h é mais que razoável para o sujeito se preparar e ser apresentado à justiça. Os Comentários Gerais nº 35 definiram ainda que, ao julgar, o juiz deve decidir pela manutenção da prisão, pela liberdade, condicionada ou não a medidas que garantam sua presença ao julgamento, ou pela ilegalidade da prisão, a depender do caso concreto. O princípio 11 do mencionado Corpo de Princípios para a Proteção de Todas as Pessoas Submetidas a Qualquer Forma de Detenção ou Prisão assevera que nenhuma pessoa seja mantida em detenção sem ter a oportunidade de ser ouvida prontamente, pela autoridade judicial ou outra apta a realizar funções judiciais, inclusive assistida por uma defesa técnica. Por sua vez, o princípio 37 assevera que nenhuma pessoa seja mantida detida com a investigação inconclusa ou antes de sentença, a não ser que haja ordem formal da autoridade competente.

Um dos principais motivos para a apresentação *sem demora* daquele privado de sua liberdade, como já dito, é a revisão da legalidade do ato, algo que foi muito bem salientado no julgamento do caso *G. Campbell vs. Jamaica*.[113] O autor teria sido preso sob suspeita de homicídio em dezembro de 1984, mas, segundo sua versão, não teria sido denunciado pelo crime. Em janeiro de 1985, foi

---

[112] Conforme o item (f) da definição terminológica logo no início do Corpo de Princípios para a Proteção de Todas as Pessoas Submetidas a Qualquer Forma de Detenção ou Prisão.

[113] ORGANIZAÇÃO DAS NAÇÕES UNIDAS. Comitê Internacional de Direitos Humanos da ONU. *Comunicação N. 248/1987, G. Campbell vs. Jamaica*. UN Doc CCPR/C/44/D/248/1987. 44ª sessão, 30 de março de 1992. Disponível em: http://hrlibrary.umn.edu/undocs/session64/view618.htm. Acesso em: 20 nov. 2021. (Ver parágrafo 6.3).

denunciado pelo furto de uma vaca, duas cordas e uma corrente, sendo acusado formalmente do homicídio apenas em março do mesmo ano. Em julho de 1985, finalmente ocorreu sua Audiência Preliminar, na qual foi entendido que havia evidências do cometimento do homicídio e que deveria se proceder ao julgamento do mérito. O julgamento ocorreu em outubro de 1985, vindo o réu a ser condenado pelo homicídio. Segundo suas alegações, isso seria uma violação direta do art. 9º, §§2º e 3º do Pacto Internacional sobre Direitos Civis e Políticos, uma vez que, após sua prisão, e entre dezembro de 1984 e março de 1985, não teve acesso a um advogado ou mesmo fora prontamente informado das acusações que recaíam sobre ele, sem sequer ter sido recebido prontamente por um juiz ou outra autoridade que pudesse exercer poderes judiciais.

A Jamaica, por sua vez, alegou apenas que o único objetivo da Comunicação do autor para a o Comitê de Direitos Humanos da ONU era a respeito de fatos e problemas que não estariam na sua esfera de competência. No julgamento, o Comitê afastou essa alegação, observando que a ausência de resposta aos questionamentos do autor ou do próprio Comitê denotava desinteresse de cooperação. No mérito, avaliou ainda que a prisão em si não teria sido arbitrária, pois ocorrida em decorrência de um crime grave, mas que não haver informação imediata das acusações ou o encaminhamento sem demora do acusado a um juiz ou outra autoridade com poderes para exercer funções judiciais seriam violações diretas aos dispositivos elencados pelo autor. No entendimento do Comitê, um dos principais motivos para a imediata acusação formal e do encaminhamento do réu perante autoridade com competência judicial é que seja solicitado com a maior brevidade possível a revisão da legalidade da prisão ou detenção à qual a pessoa se encontra submetida. No caso em concreto, o comitê entendeu como ilegal a detenção a que foi submetido o autor, além de ter violado o Pacto Internacional sobre Direitos Civis e Políticos, do qual a Jamaica é signatária. Note-se que neste caso em concreto, a prisão foi entendida como não arbitrária, mas a detenção, ou seja, a privação de liberdade do autor, foi ilegal.

Uma vez apresentado um panorama da diferença para a norma criminal internacional entre detenção e prisão, conforme modelos de autoridade e sistemas jurídicos, avançaremos para os procedimentos que são adotados no âmbito das duas cortes internacionais de direitos humanos que abrangem a maior parte do mundo ocidental organizado: a Corte Interamericana e a Corte Europeia de Direitos Humanos.

2.1.1 Flagrante na Corte Europeia de Direitos Humanos e na União Europeia

Conforme ilustrado na abertura deste capítulo, duas foram as medidas implementadas no continente europeu que pretendiam mitigar os efeitos deletérios da Segunda Guerra: a criação da ONU em 1945 e a assinatura da Convenção Europeia de Direitos Humanos em 1950 por 47 dos 50 países situados na região,[114] que entrou em vigor em 1953. Com a finalidade de poder tornar efetivas as medidas firmadas na convenção, em 1954 foi instituída a CEDH.

Logo após esses acordos serem assinados, seis países do continente europeu[115] decidiram criar entre si um tratado comercial que se prestava a fomentar uma interdependência econômica de forma a reduzir a possibilidade de conflitos entre eles. Assim, foi fundada a Comunidade Econômica Europeia por meio do Tratado de Roma, em 1958. Com o sucesso do tratado, houve a expansão dos países integrantes, bem como do conteúdo do tratado. Outros 22 países integraram o grupo, que passou a se chamar União Europeia – UE em 1993, criando não apenas um mercado único interno, mas também uma mesma moeda e políticas públicas comuns aos países integrantes.[116] Com a saída do Reino Unido em 31 de janeiro de 2020, a UE é atualmente composta por 27 países.[117] Isso significa que todos os países integrantes devem se sujeitar tanto aos termos do tratado entre eles firmado quanto às decisões da corte e sua jurisprudência.

A Convenção Europeia tratou do direito à liberdade e segurança em seu art. 5º, e conforme o Guia para o art. 5º da própria corte, seu propósito é prevenir o uso arbitrário ou injustificado das medidas de

---

[114] Não assinaram Bielorrússia, Cazaquistão e Kosovo.

[115] Bélgica, França, Alemanha, Itália, Luxemburgo e Países Baixos.

[116] UNIÃO EUROPEIA. *A UE em poucas palavras*. Disponível em: https://europa.eu/european-union/about-eu/eu-in-brief_pt#da-uni%C3%A3o-econ%C3%B3mica-%C3%A0-uni%C3%A3o-pol%C3%ADtica. Acesso em: 20 nov. 2021.

[117] Alemanha, Áustria, Bélgica, Bulgária, Chipre, Croácia, Dinamarca, Eslováquia, Eslovênia, Espanha, Estônia, Finlândia, França, Grécia, Holanda, Hungria, Irlanda, Itália, Letônia, Lituânia, Luxemburgo, Malta, Polônia, Portugal, República Tcheca, Romênia e Suécia.

privação de liberdade.[118] Segundo a técnica jurídica utilizada pela CEDH, privação de liberdade é gênero, do qual detenção e prisão são espécies. Nesse passo, a privação de liberdade não se preocupa simplesmente com restrições à liberdade de locomoção (direito de ir e vir) nem se restringe ao binômio detenção e prisão, podendo também ser consideradas privações à liberdade medidas tecnicamente dirigidas para a proteção de alguém; como determinadas restrições a imigrantes em aeroportos. Conforme a literatura da CEDH, a privação de liberdade é definida por um elemento objetivo, qual seja, o confinamento do indivíduo em uma área restrita por tempo considerável, e um elemento subjetivo, materializado na ausência de consentimento do indivíduo confinado.

Ainda de acordo com o guia, a jurisprudência da corte indica três requisitos que devem ser preenchidos para que a privação da liberdade seja legal: 1) as excludentes devem ser exauridas, de forma a não serem violados direitos constituídos, como o respeito à vida privada e familiar e liberdades de associação, de expressão, pensamento, consciência e religião; 2) cumprimento da estrita legalidade quando da privação à liberdade, tanto materialmente quanto formalmente e; 3) atender ao comando de apresentação do indivíduo ao controle judicial o quanto antes, sem demora desarrazoada (materializando o direito de apresentação). Isso tudo sem desconsiderar o alerta quanto à arbitrariedade já explorado no item anterior, no qual mesmo que uma lei autorize a detenção ou prisão, deve ser avaliado se tal autorização, ainda que legal, não seja arbitrária ou esteja em conflito direto com os tratados internacionais firmados pelo país.

Para compreender corretamente o comando do art. 5º da convenção para fins da análise do flagrante delito, é necessário que seja lida em consonância com o parágrafo 3º do mesmo dispositivo.[119] Pela sua redação, toda pessoa detida ou presa seguindo as condições do art. 5º, §1º, c,[120] deve ser levada sem demora à presença de um juiz ou outra

---

[118] EUROPEAN COURT OF HUMAN RIGHTS. *Guide on Article 5 of the European Convention on Human Rights:* Right to liberty and security. França, 2020. Disponível em: https://echr.coe.int/Documents/Guide_Art_5_ENG.pdf. Acesso em: 20 nov. 2021.

[119] No original: Art. 5º, §3. *Everyone arrested or detained in accordance with the provisions of paragraph 1 (c) of this Article shall be brought promptly before a judge or other officer authorised by law to exercise judicial power and shall be entitled to trial within a reasonable time or to release pending trial. Release may be conditioned by guarantees to appear for trial.*

[120] No original: 1. *Everyone has the right to liberty and security of person. No one shall be deprived of his liberty save in the following cases and in accordance with a procedure prescribed by law:* […]

autoridade autorizada por lei a exercer função judicial, além de ser necessário garantir o julgamento em um prazo razoável ou a soltura sob pendência do julgamento. Essa soltura pode ser condicionada à garantia de comparecimento ao julgamento. Em sua essência, o dispositivo mira na redução da influência e intervenção do Poder Executivo sobre os direitos negativos de primeira dimensão ou geração.[121] O encaminhamento do detido ou preso prontamente para a autoridade judicial visa mitigar possível arbitrariedade ou privação de liberdade injustificada, além de prevenir o abuso de poder e maus-tratos contra indivíduos.

Tratando especificamente sobre quem seria a *autoridade autorizada por lei a exercer funções judiciais*, o julgamento da Corte Europeia do caso *Schiesser vs. Switzerland*[122] foi paradigmático. O caso foi a respeito de um suíço que estava foragido da polícia, mas que em dado momento decidiu se entregar às autoridades. Na ocasião, teria sido encaminhado imediatamente ao procurador do Distrito (*District Attorney*), que ouviu pessoalmente o autor sem a presença de seu advogado. Ao final da oitiva, o procurador distrital decidiu que o autor deveria ser detido preventivamente por acreditar que seria responsável pelo cometimento de diversos outros crimes graves, sobre os quais poderia tentar destruir provas. O autor teria recorrido dessa determinação, mas seu recurso não fora admitido por um promotor de justiça revisor do recurso, que acatou a fundamentação do procurador do Distrito de que investigações em curso indicavam o autor como sendo o principal suspeito da autoria dos demais crimes. Restou ao autor recorrer a um tribunal federal contra a suposição de que ele tentaria destruir provas, mas em especial questionando a respeito da legitimidade do procurador distrital como autoridade autorizada pela lei para exercer funções judiciais, em especial considerando estar subordinado ao promotor de justiça, que teria sido o responsável por revisar o recurso da detenção.

(c) *the lawful arrest or detention of a person effected for the purpose of bringing him before the competent legal authority on reasonable suspicion of having committed an offence or when it is reasonably considered necessary to prevent his committing an offence or fleeing after having done so;*

[121] BIAGI, Cláudia Perotto. A garantia do conteúdo essencial dos direitos fundamentais na jurisprudência constitucional brasileira. Porto Alegre: Sergio Antonio Fabris Editor, 2005, p. 44.

[122] EUROPEAN COURT OF HUMAN RIGHTS. Court (Chamber). Julgamento de Mérito. *SCHIESSER vs. SWITZERLAND. Application n. 7710/76.* ECLI:CE:ECHR:1979:1204J UD000771076. 4 de dezembro de 1979. Disponível em: http://hudoc.echr.coe.int/eng?i =001-57573. Acesso em: 20 nov. 2021. (Ver Parágrafo 27).

O Tribunal Federal suíço entendeu que havia sim base para o risco de destruição de provas, mas que a respeito do entendimento da interpretação sobre a autoridade autorizada ao exercício de poderes judiciais havia certa controvérsia que demandava explanação. Para o Tribunal, o critério mais importante para definir uma atividade como judicial seria garantir a independência e objetividade da autoridade exercendo essa função em face das demais encarregadas, nomeadamente as administrativas que teriam realizado a prisão. Essa independência, pela perspectiva do Tribunal, não deveria ser compreendida nos termos da separação de poderes, ou seja, necessariamente devendo ser exercida de dentro do Judiciário, mas sim que o art. 5º, §3º da Convenção Europeia de Direitos Humanos estaria respeitado com a garantia da independência funcional da autoridade em comento. Logo, o critério determinante não seria a vinculação do cargo do agente decisor, mas a função que a ele caberia ser exercida, não excluído o exercício por esse agente de funções diversas, como as relacionadas à investigação ou outras áreas da justiça criminal. Nesse sentido, o procurador do Distrito teria tanto autoridade investigativa sob supervisão do promotor de justiça quanto autoridade de acusação perante juiz singular ou corte local. A respeito da ausência do advogado durante a oitiva do preso, foi alegado e acatado pelo Tribunal Federal que a legislação suíça não obriga a presença da defesa nessa fase, bem como não há tal previsão na Convenção Europeia.

O Tribunal concluiu que, no caso em concreto, é indiferente a quem o procurador do Distrito está hierarquicamente subordinado, uma vez que no estágio de investigação ele possui função judicial, não mero exercício de atividade administrativa. Isso seria reforçado pelo fato de os procuradores distritais serem eleitos pelo povo, o que garantiria a independência do Poder Executivo e da administração pública. Essa noção não restaria prejudicada pelo fato de que, durante a investigação, o procurador do Distrito receba orientações do promotor de justiça, pois ele próprio exerce função judicial durante a investigação. Para o Tribunal, o papel da promotoria apenas é assumido se ou quando o caso vai encaminhado para julgamento, por esse motivo, não haveria qualquer impedimento para a realização da função judicial durante a investigação pelo procurador. Com o intuito de ver essa alegação corretamente fundamentada, o Tribunal argumentou na sua decisão que, diferentemente do §3º,[123] do art. 5º, a redação do §4º[124] seria idêntica à do art. 6º, §1º,[125] ou seja, quando os autores da Convenção deliberadamente não utilizaram expressões como "corte" ou "tribunal", não haveria que se falar em necessidade da revisão da detenção ou prisão no Judiciário.

O caso foi levado finalmente para a Corte de Direitos Humanos pelo autor, que recorreu da decisão do Tribunal alegando violações aos direitos humanos pela Suíça. Ao julgar a questão, a CEDH entendeu que deveria focar na heurística da frase *autoridade autorizada por lei para exercer função judicial*. Para tanto, partiu o comando em três fragmentos, dos quais o primeiro, *autoridade (officer)*, e terceiro, *função judicial (judicial power)*, deveriam ser avaliados em conjunto. A opção de redação do texto convencional explicitou que fica a cargo do Estado membro definir se o preso ou detido deve ser apresentado à autoridade judicial ou à autoridade autorizada por lei a exercer funções judiciais. À Comissão ficou claro que é imperioso compreender que tal autoridade possui funções similares àquelas do juiz, ainda que não idênticas, havendo certa similaridade entre ambos em suas funções.

A questão linguística foi de extrema relevância neste caso, uma vez que é necessário compreender que a *ratio legis* da Convenção precisava considerar a distinta realidade jurídica dos países signatários, que envolvia sistemas jurídicos distintos entre o positivismo do direito romano-germânico e a tradição consuetudinária da *common law* anglo--saxã, além de toda a organização judicial dos modelos de autoridade hierárquico ou de coordenação. Nas palavras da corte, "'*magistrat*' em francês e, mais ainda, '*officer*'[126] em inglês possuem um significado mais

---

[123] "*3. Everyone arrested or detained in accordance with the provisions of paragraph 1 (c) of this Article shall be brought promptly before a judge **or other officer authorised by law to exercise judicial power** and shall be entitled to trial within a reasonable time or to release pending trial. Release may be conditioned by guarantees to appear for trial*". [grifo nosso].

[124] *4. Everyone who is deprived of his liberty by arrest or detention shall be entitled to take proceedings by which the lawfulness of his detention **shall be decided speedily by a court** and his release ordered if the detention is not lawful.* [grifo nosso]

[125] *1. In the determination of his civil rights and obligations or of any criminal charge against him, everyone is entitled to a fair and public hearing within a reasonable time **by an independent and impartial tribunal** established by law. Judgment shall be pronounced publicly but the press and public may be excluded from all or part of the trial in the interests of morals, public order or national security in a democratic society, where the interests of juveniles or the protection of the private life of the parties so require, or to the extent strictly necessary in the opinion of the court in special circumstances where publicity would prejudice the interests of justice.* [grifo nosso]

[126] Para fins do nosso estudo, utilizamos o substantivo *autoridade* como tradução de *officer* única e exclusivamente pelo fato de ter sido a mesma forma de tradução oficial da expressão pela OEA e pelo próprio Brasil quando da adequação para o português do texto da Convenção Americana de Direitos Humanos. A nosso entender, *officer*, como assim escrito, dialoga

CAPÍTULO 2
DIREITO DE APRESENTAÇÃO COMO UMA CONQUISTA INTERNACIONAL DOS DIREITOS HUMANOS

amplo que '*juge*' e '*judge*'".[127] O julgado da CEDH admite haver Estados signatários da convenção nos quais magistrados (*magistrat*) ou mesmo juízes exercem poderes judiciais sem necessariamente exercitarem a jurisdição. Fica claro no julgado que não se deve associar "função judicial" à jurisdição em si, definida como o poder atribuído a terceiro imparcial para que este realize o Direito de modo imperativo e criativo, tutelando situações jurídicas concretamente deduzidas, em decisão insuscetível de controle externo e com aptidão de tornar-se indiscutível.[128]

Para que não fosse necessário que em toda oportunidade se avaliasse se determinada autoridade seria autorizada a exercer função judicial, alguns critérios foram definidos com a finalidade de serem utilizados como parâmetros. Primeiro, importaria confirmar se a autoridade possui autonomia em face do Poder Executivo e dos envolvidos no caso, tanto vítimas quanto acusados. Dessa maneira, não haveria impedimentos que a autoridade estivesse subordinada a um juiz ou autoridades administrativas, desde que possuísse independência funcional garantida por lei, assim como o juiz. Em segundo lugar, são devidos dois requisitos, um formal e um material. Formalmente, é necessário que a autoridade independente ouça pessoalmente o detido ou preso. Materialmente, é essencial que, após a oitiva dos envolvidos e dos fatos que circundam o evento em questão, a autoridade tenha o poder legal para determinar a prisão ou a soltura do indivíduo com sua devida fundamentação.

No caso concreto, após avaliar as duas alegações apresentadas pela Suíça, a Corte Europeia chegou às seguintes conclusões. Primeiramente, ao julgar se o procurador do Distrito poderia ser entendido como

---

de maneira mais eficiente com as tradições jurídicas de *common law*, que se baseiam no modelo de autoridade de coordenação (capítulo 3). Nesse sentido, o *officer* do modelo de coordenação não possuiria em absoluto as mesmas características da *autoridade* do modelo de hierarquia. Essa problemática terminológica se reflete em outras questões sensíveis, como *judicial power*, que acabou traduzida como *função judicial* no lugar de *poderes judiciais*. Nos modelos de hierarquia, só há que se falar em poder judicial atrelado ao exercício jurisdicional, portanto, funções judiciais fazem mais sentido quando a *autoridade* que o exerce não é um juiz. No entanto, poderes judiciais podem ser exercidos fora do judiciário sem grandes celeumas no modelo de coordenação. A respeito das dificuldades e desafios nas traduções do direito, referir-se a: LANGER, Máximo. Dos transplantes jurídicos às traduções jurídicas: a globalização do plea bargaining e a tese da americanização do processo penal. *Delictae: Revista de Estudos Interdisciplinares sobre o Delito*, v. 2, n. 3, p. 19-19, 2017.

[127] No original: "'Magistrat' in French and, even more, 'officer' in English manifestly have a wider meaning than 'juge' and 'judge'".

[128] DIDIER JR., Fredie. *Curso de direito processual civil*: introdução ao direito processual civil, parte geral e processo de conhecimento. 19. ed. Salvador: JusPodivm, 2017, p. 173.

autoridade apta para exercício de funções judiciais, a corte entendeu positivamente, uma vez que havia autorização legal expressa para que o procurador do Distrito determinasse a detenção provisória do autor. A seguir, a Corte decidiu a respeito dos questionamentos sobre as garantias necessárias do procurador para atuar independentemente em razão de atuar em determinados casos como acusador e estar subordinado ao gabinete do promotor de justiça, por meio do qual, também ao Poder Executivo local. Quanto à alegação de atuação do procurador como acusador, a Comissão acompanhou o entendimento do Estado suíço de que naquele caso o procurador teria agido exclusivamente na apreciação da necessidade ou não de detenção preventiva. Isso implica que em momento algum teria atuado como acusador, não tendo redigido a acusação nem atuado como acusador perante o tribunal, restringindo-se à averiguação da possibilidade de prisão. No tocante à sua subordinação ao gabinete da promotoria, foi ressaltado que, ainda que existisse vínculo hierárquico, nunca houve orientação do gabinete para os procuradores distritais determinarem a prisão de alguém nesse tipo de situação, existindo apenas influência em raras ocasiões para avaliar o devido processo legal, atuando a promotoria como *custus legis*. A CEDH também entendeu no mesmo sentido que o Tribunal Federal suíço de que não há obrigatoriedade na Convenção Europeia de Direitos Humanos da presença de um advogado durante a audiência de apresentação prevista no art. 5º, §3º. Por esses posicionamentos, a Corte europeia julgou que o procurador Distrital poderia ser compreendido como autoridade apta ao exercício de função judicial.

Enfim, a CEDH concordou com o posicionamento de que o órgão de vinculação da autoridade não necessariamente precisa ser na estrutura do Poder Judiciário, mas que a autoridade destinatária do réu que exerce seu direito de apresentação precisa ter as mesmas garantias de independência que um juiz teria. Isso porque, mais do que mera avaliação da legalidade da prisão, o réu precisa ter acesso imediato a um procedimento de natureza judicial e a tudo o que a ele concerne.

Essa noção cria uma simbiose intrincada entre os parágrafos 1º e 3º do art. 5º da Convenção europeia de direitos humanos, uma vez que a autoridade competente referida pelo §1º, c, é exatamente aquela a que se destina a entrega do detido ou preso do §3º. Trata-se, portanto, de autoridade com função judicial, não necessariamente jurisdicional, abrangendo, por exemplo, o procurador do Distrito suíço. É importante ressaltar que o propósito maior da revisão da prisão ou detenção por agente autorizado pela lei a exercer função judicial não é meramente a proteção do indivíduo de eventual prisão ilegal. É também sobre a prerrogativa do preso ao seu direito de apresentação, de acessar um procedimento de natureza judicial conduzido por autoridade independente do Poder Executivo e com prerrogativa legal de determinar por meio de decisão fundamentada a manutenção da restrição de liberdade ou soltura do agente, com direito à revisão dessa decisão. Até porque, como já explorado, a prisão pode ser legal, mas, mesmo assim, arbitrária.

2.1.2 Flagrante na Convenção Americana de Direitos Humanos e na Organização dos Estados Americanos

Os dois maiores tratados multilaterais de direitos humanos do planeta se assemelham bastante entre si, ainda que possuam distinções peculiares às suas realidades suficientes para caracterizar suas identidades. Neste subtópico, iremos apresentar os procedimentos que concernem à CIDH, assinada originalmente por até 25[129] dos 35 países do continente americano[130] e membros da Organização dos Estados Americanos – OEA.[131] Dois países que eram originalmente assinantes denunciaram o tratado posteriormente, Trindade e Tobago em 1998 e a Venezuela em 2012, subsistindo, portanto, 23 países no total. Apesar de nem todos os países da OEA serem signatários do Pacto de São José da Costa Rica, tratado que deu origem à CIDH, 29 dos 35 países[132] adotam

---

[129] São os países integrantes da CIDH: Argentina, Barbados, Brasil, Bolívia, Chile, Colômbia, Costa Rica, Dominica, República Dominicana, Equador, El Salvador, Granada, Guatemala, Haiti, Honduras, Jamaica, México, Nicarágua, Panamá, Paraguai, Peru, Suriname, Trindade e Tobago, Uruguai e Venezuela.

[130] Cuba, apesar de não integrar a OEA, por efeito da Resolução AG/RES.2438 (XXXIX-O/09) deveria ter revista sua participação no sistema interamericano. Mais de uma década se passou dessa resolução e ainda não foi definida sua posição entre os Estados membros.

[131] Os demais países integrantes da OEA que não assinam o tratado são: Antígua e Barbuda, Bahamas, Belize, Canadá, Estados Unidos da América, Guiana, São Cristóvão e Névis, Santa Lúcia, São Vicente e Granadinas.

[132] Os que adotam: Antígua e Barbuda, Argentina, Belize, Bolívia, Brasil, Canadá, Chile, Colômbia, Costa Rica, Dominica, República Dominicana, Equador, El Salvador, Guatemala, Guiana, Haiti, Jamaica, México, Nicarágua, Peru, Panamá, Paraguai, São Cristóvão e Névis, Santa Lúcia, Bahamas, Trindade e Tobago, Estados Unidos, Uruguai e Venezuela. Não adotam: Barbados, Cuba, Granada, Honduras, São Vicente e Granadinas e Suriname.

o direito da pessoa de ser conduzida pessoalmente para revisão judicial da prisão em flagrante.[133]

Primeiramente, é importante indicar o instituto que declara o direito de apresentação na convenção americana de direitos humanos. Em razão do Pacto de São José da Costa Rica ser posterior à Convenção Europeia de Direitos Humanos, fica claro que a redação do seu art. 7º, item 5 se baseou no §3º do art. 5º da norma europeia. Muitos outros dispositivos do Pacto de São José da Costa Rica são profundamente semelhantes àqueles presentes na Convenção Europeia e isso é muito significativo, em especial para a hermenêutica jurídica.[134] O texto europeu é como segue:

> 3. Qualquer pessoa presa ou detida em conformidade com o disposto no parágrafo 1 (c) deste Artigo deve ser conduzida sem demora a um juiz ou outro oficial autorizado por lei a exercer funções judiciais e terá direito a julgamento dentro de um prazo razoável ou a ser libertado sob a pendência do julgamento. A liberação pode ser condicionada a garantias que assegurem o seu comparecimento em juízo.[135]

De outro lado, a redação do Pacto de São José da Costa Rica, que trata do direito à liberdade pessoal, prescreve em seu item 5, artigo 7º:

> Toda pessoa presa, detida ou retida deve ser conduzida, sem demora, à presença de um juiz ou outra autoridade autorizada por lei a exercer funções judiciais e tem o direito de ser julgada em prazo razoável ou de ser posta em liberdade, sem prejuízo de que prossiga o processo. Sua liberdade pode ser condicionada a garantias que assegurem o seu comparecimento em juízo.[136]

---

[133] CLÍNICA INTERNACIONAL DE DIREITOS HUMANOS. *Brazil's Custody Hearings Project in Context*: the right to prompt in-person judicial review of arrest across OAS member states. Boston: Harvard Law School, 2015.

[134] É indiscutível a influência da CEDH sobre a CIDH, que já nos anos 1990 passaria a ser uma via de mão dupla. Nesse sentido, inovações da CIDH como comissões da verdade ou a anistia passaram a também influenciar a CEDH (VARELLA, Marcelo Dias. *Internacionalização do Direito*: Direito Internacional, Globalização e Complexidade. Brasília: UniCEUB, 2013, p. 221).

[135] No original: 3. *Everyone arrested or detained in accordance with the provisions of paragraph 1 (c) of this Article shall be brought promptly before a judge or other officer authorised by law to exercise judicial power and shall be entitled to trial within a reasonable time or to release pending trial. Release may be conditioned by guarantees to appear for trial.*

[136] No original: *Any person detained shall be brought promptly before a judge or other officer authorized by law to exercise judicial power and shall be entitled to trial within a reasonable time or to be released*

CAPÍTULO 2
DIREITO DE APRESENTAÇÃO COMO UMA CONQUISTA INTERNACIONAL DOS DIREITOS HUMANOS | 71

Algumas reflexões devem ser apresentadas sobre o texto correspondente à CIDH colacionado. A expressão "sem demora" do item 5 pode variar de país para país, mas o mais aceito internacionalmente é a orientação da ONU expressada na CCPR/C/GC/R.35 de um prazo máximo de 48 horas. Entre os países da OEA, em regra a apresentação ocorre nesse período, sendo definidos na legislação doméstica prazos entre 24 h e 48 h (apenas 6 países utilizam o prazo de 72 h, tendo 79,31% dos Estados definido o prazo entre 24 h e 48 h).[137]

Outro trecho que frequentemente causa controvérsia é quando o texto determina que o detido seja levado perante um juiz ou outra autoridade autorizada por lei a exercer funções judiciais (*otro funcionario autorizado por la ley para ejercer funciones judiciales*). O caso *Dayra María Levoyer vs. Ecuador*[138] afirma que a revisão da formalidade da detenção busca confirmar não apenas formalmente, mas materialmente, que a prisão ou detenção ocorreu respeitando os parâmetros de Direitos Humanos com os quais o país se comprometeu a seguir. Nesse caso, a autora teria sido detida em 21 de junho de 1992 sem ordem judicial, e mantida na solitária por 39 dias, submetida a tortura e a tratamento desumano e degradante. Seu mandado de prisão só foi emitido pelo chefe de polícia local em 30 e 31 de julho do mesmo ano. Segundo suas alegações, ficou mantida nessa condição por mais de cinco anos, durante os quais foram interpostos seis *habeas corpus* entre 1994 e 1997, tendo apenas o último chegado a ser apreciado, decidindo-se pela procedência em razão do enorme tempo de detenção sem qualquer julgamento.

Em sua resposta, o Equador afirmou que não ocorreram violações de direitos humanos em razão de não terem sido exauridos todos os remédios constitucionais existentes no país. Segundo o Estado membro, seu Código Criminal estabelece que uma vez que um indivíduo seja indiciado, todos os processos preliminares podem ser suspensos por

---

without prejudice to the continuation of the proceedings. His release may be subject to guarantees to assure his appearance for trial.

[137] Antígua e Barbuda 48 h, Argentina 6 h, Belize 72 h, Bolívia 24 h, Brasil 24 h, Canadá 24 h, Chile 24 h, Colômbia 36 h, Costa Rica 24 h, Dominica 72 h, República Dominicana 48 h (constitucionalmente)/24 h (legalmente), Equador 24 h, El Salvador 72 h, Guatemala 24 h, Guiana 72 h, Haiti 48 h, Jamaica 24 h, México 48 h, Nicarágua 48 h, Peru 24 h, Panamá 24 h, Paraguai 24 h, São Cristóvão e Névis 72 h, Santa Lúcia 72 h, Bahamas 48 h, Trindade e Tobago 48 h, Estados Unidos 48 h (em regra), Uruguai 24 h e Venezuela 24 h.

[138] CORTE INTERAMERICANA DE DIREITOS HUMANOS. *Dayra María Levoyer Jiménez vs. Ecuador, Case 11.992, Report N. 66/01.* 79 (2001) OEA/Ser./L/V/II.114 Doc. 5. 112ª Sessão Regular, 14 de junho de 2001. Disponível em: https://www.hr-dp.org/files/2013/09/14/2001.06_.14_Levoyer_Jimenez_v_Ecuador_.pdf. Acesso em: 20 mar. 2020.

cinco anos, durante os quais podem ser apresentadas evidências de inocência ou culpa. Na possibilidade de que esse período corra sem que haja reabertura dos processos, a corte pode julgar pela dispensa da ação (*sobreseimiento*). O Estado também ressaltou que havia cinco acusações contra a autora, as quais teriam sido dispensadas quando do recebimento do caso pela CIDH. A respeito da alegação de detenção ilegal (sem ordem judicial), o Equador não teria se manifestado diretamente, respondendo genericamente que atuou dentro de sua competência.

Na decisão do caso, a CIDH avaliou primeiro a questão da ilegalidade da detenção. Entendeu que a forma adotada pelo Equador violou não apenas a própria constituição, que determina que ninguém pode ser privado de sua liberdade sem ordem escrita da autoridade competente, além de impor a incomunicabilidade da autora por mais de 24 h, mas também o Código Criminal local, que só autoriza prisão sem mandado judicial nos casos de flagrante, caso em que deve o detido ser encaminhado para o juiz de instrução em até 48 h. Ocorre que o Código Criminal estabelece também a possibilidade de prisão sem mandado quando houver "forte presunção de responsabilidade", quando o detido também deve ser apresentado ao juiz de instrução. Uma vez que o Estado não se manifestou sobre as alegações da autora, a comissão assumiu que ela teria sido detida com base nessa "forte presunção" que, na visão da CIDH, é contrária à própria constituição local, uma vez que amplia as possibilidades de atuação do Poder Executivo, além de ser arbitrária e violar o compromisso internacional firmado pelo Equador presente no Pacto de São José. Não obstante, mesmo que realmente a possibilidade da detenção fosse advinda dessa possibilidade, sequer teria o Equador apresentado a detida ao juiz de instrução.

Houve também violação do prazo para que o caso da autora fosse recebido pelo Judiciário tanto pelas leis locais (entre 24 h e 48 h) quanto pelo prescrito na Convenção Americana. Sobre sua privação de liberdade, a Comissão entendeu que, conforme previsto no Pacto de São José, art. 7(5), a pessoa detida necessita ser recebida por um juiz ou outra autoridade que realize funções judiciais antes de o procedimento tomar seu curso legalmente prescrito. O direito de recorrer e ter seu *habeas corpus* analisado, conforme o entendimento da Comissão, não apenas se dirige à revisão do ato, mas também se destina à prevenção de desaparecimentos, casos ainda comuns na América Latina e preocupação bem peculiar em contraste às preocupações europeias com direitos humanos. Finalmente, ao tratar da dimensão material da privação de liberdade da autora, a CIDH apontou que a previsão constitucional de o prefeito, como chefe da administração municipal, ser a pessoa responsável por determinar a procedência de uma prisão é algo inaceitável do ponto de vista da preservação de garantias da pessoa humana. Por esse motivo, não basta a conformação formal de uma norma, ela também precisa materialmente prever um formato que blinde os direitos humanos.

Em outro julgado da CIDH, novamente contra o Equador, conhecido como *Acosta Calderón vs. Ecuador*,[139] a corte não reconheceu o promotor de justiça da causa como autoridade com autorização para exercer função judicial. Na ação em comento, o autor teria sido preso em 1989 no Equador sob suspeita de tráfico de drogas. Após sua prisão, teria prestado declarações para a polícia militar aduaneira e a um promotor de justiça sem a presença de um advogado. No mesmo dia, um juiz criminal teria determinado sua prisão pelo fato de haver o autor sido detido portando substância entorpecente. Todavia, essa decisão teria sido feita meramente com a análise do termo de declarações colhido anteriormente e apresentado para o juiz. Somente dois anos depois, em 1991, o autor teve acesso a um juiz para que fosse avaliada sua situação.

A respeito da alegação de violação de direitos garantidos internacionalmente, o Equador afirmou que o procedimento realizado cumpria estritamente o definido pela legislação local. Para a Corte Interamericana, essa alegação não supriria o que se espera do Estado signatário do Pacto de São José. Seguindo a mesma linha apresentada no caso anterior, *Dayra María Levoyer vs. Ecuador*, a Corte reputou a legislação doméstica como insuficiente para atender ao que se propõe o art. 7(5) do Pacto, que determina a apresentação do detido ou preso para o juiz ou outra autoridade apta a realizar funções judiciais. De acordo com a dinâmica dos fatos, o autor teria sido apresentado a um promotor de justiça, que por sua vez solicitou a prisão do detido sem que ele fosse encaminhado pessoalmente à presença do juiz que acatou o posicionamento do *parquet*. A Corte foi efusiva ao afastar a possibilidade de que o promotor pudesse ser entendido como "outra autoridade autorizada por lei a exercer funções judiciais", condição de suma importância e sempre destacada tanto pela CIDH quanto pela

---

[139] CORTE INTERAMERICANA DE DIREITOS HUMANOS. *Caso Acosta Calderón vs. Ecuador. Série C, n. 129*. Julgamento. Mérito, reparação e custas. 24 de junho de 2005. Disponível em https://www.corteidh.or.cr/docs/casos/articulos/seriec_129_ing.pdf. Acesso em: 20 mar. 2020. (Ver parágrafo 80).

CEDH. Diferentemente da decisão da Corte Europeia no caso do procurador do Distrito suíço, a Corte Interamericana não entendeu que o promotor de justiça equatoriano pudesse se enquadrar nessa função. A motivação se sustentou tanto no próprio Pacto de São José da Costa Rica quanto na Constituição do Equador. Nos parâmetros definidos pelo julgado, a autoridade que estiver exercendo funções legais com fins a averiguar a detenção ou prisão deve: 1) possuir os requerimentos estabelecidos no primeiro parágrafo do artigo oitavo da convenção;[140] e 2) haver previsão constitucional ou legal de competência para realizar função judicial.

É essencial nesse momento resgatar a literatura da CEDH, vez que foi formalmente citada pela CIDH no julgado a respeito desse entendimento. A Corte europeia foi expressa ao definir que um importante objetivo do encaminhamento da pessoa presa ou detida para a revisão do ato é fornecer às pessoas privadas de sua liberdade a garantia de ter sua condição avaliada por um procedimento de natureza judicial. Mais uma vez, de acordo com o julgamento *Schiesser vs. Switzerland*,[141] a autoridade com autorização por lei para exercer funções judiciais deve ser definida segundo dois critérios: primeiro, deve ser independente do Executivo e dos envolvidos, e, segundo, a autoridade deve ela mesma ouvir a pessoa detida (requisito formal) e decidir fundamentadamente, após ouvir as partes (requisito material),[142] sobre a manutenção ou não da detenção, convolando-a em prisão, além de ser essencial ter independência funcional como garantia e necessidade de seu ofício.

Uma parte importante da construção da jurisprudência internacional, notadamente no campo dos direitos humanos, é constituída pelo chamado diálogo entre tribunais internacionais.[143] Em que pese haver uma tendência a tribunais internacionais dialogarem entre si, não são muitos os casos de citações mútuas. Pelo que pode ser levantado,

---

[140] Artigo 8. Garantias judiciais. 1. Toda pessoa tem direito a ser ouvida, com as devidas garantias e dentro de um prazo razoável, por um juiz ou tribunal competente, *independente e imparcial, estabelecido anteriormente por lei, na apuração de qualquer acusação penal formulada contra ela*, ou para que se determinem seus direitos ou obrigações de natureza civil, trabalhista, fiscal ou de qualquer outra natureza. [grifo nosso].

[141] EUROPEAN COURT OF HUMAN RIGHTS. Court (Chamber). Julgamento de Mérito. *SCHIESSER vs. SWITZERLAND. Application n. 7710/76.* ECLI:CE:ECHR:1979:1204JUD000771076. 4 de dezembro de 1979. Disponível em: http://hudoc.echr.coe.int/eng?i=001-57573. Acesso em: 20 fev. 2020. (Ver parágrafos 32-38).

[142] Conforme o Guia do Artigo 5º da CEDH, o detido ou preso não necessariamente necessita estar acompanhado da defesa técnica, mas não pode ser proibido de ser por ela assistido.

[143] VARELLA, 2012, op. cit. p. 216-222.

o pouco tempo de existência de alguns desses tribunais e o receio de vinculação de decisões de uns aos outros ou mesmo a busca por identidade própria podem ser responsáveis por essa resistência. Apesar disso, esses diálogos ainda podem ser encontrados, notadamente no que tange aos direitos humanos, como é o caso em concreto. Isso gera um ciclo virtuoso na medida em que, quando o costume ou princípio passa a ser reafirmado entre distintos tribunais, as fontes das decisões se reforçam em legitimidade.

No diálogo entre as cortes europeia e interamericana de direitos humanos,[144] é pontuado que a garantia estabelecida pelo art. 7 (5) é irrestrita e deve se estender para todas as restrições de liberdade. Assim, qualquer detido ou preso deve ser levado o quanto antes para um juiz que possa garantir os direitos da pessoa submetida a medidas de coerção. Esse é o meio para se garantir a presunção de inocência, bem como o direito à vida e integridade. No documento é destacado que, diferentemente da orientação da Convenção europeia,[145] pelo Pacto de São José da Costa Rica, toda pessoa presa, em qualquer circunstância, deve ser levada o quanto antes para revisão judicial da prisão. Como podemos ver, por vezes a CIDH recorre à jurisprudência da CEDH, algo que pode ser observado claramente no julgamento de *Juan Humberto Sánchez vs. Honduras*,[146] onde foi afirmado que "tanto a corte interamericana quanto a corte europeia de direitos humanos agregaram uma importância especial para o controle judicial de detenções para prevenir arbitrariedade e ilegalidade".[147]

2.2 A aplicabilidade de tratados na jurisdição nacional

Abrimos este tópico com uma breve explanação a respeito da internalização da norma internacional no Brasil antes de tratar das

---

[144] COUNCIL OF EUROPE/EUROPEAN COURT OF HUMAN RIGHTS. INTER-AMERICAN COURT OF HUMAN RIGHTS. *Dialogue Across the Atlantic:* Selected Case-Law of the European and Inter-American Human Rights Courts. Holanda: Wolf Legal Publishers, 2016.

[145] A determinação da Convenção europeia se restringe às hipóteses de flagrante previstas no art. 5 (3).

[146] CORTE INTERAMERICANA DE DIREITOS HUMANOS. *Juan Humberto Sánchez vs. Honduras, Série C, n. 99.* Julgamento. Exceção Preliminar, Mérito, Reparações e Custas. 7 de junho de 2003. Disponível em: https://www.corteidh.or.cr/docs/casos/articulos/seriec_99_ing.pdf. Acesso em: 20 mar. 2020. (Ver parágrafo 84).

[147] No original: *Both the Inter-American Court and the European Court of Human Rights have attached special importance to judicial control of detentions so as to prevent arbitrariness and illegality.*

particularidades que lhe cabem. Até a Emenda Constitucional – EC 45/2004, tratados de direitos humanos não tinham um procedimento de incorporação distinto de outros tratados internacionais.[148] O procedimento para os tratados internacionais envolve os Poderes Executivo e Legislativo Federais e se inicia com a assinatura de um texto de propositura de Organizações Internacionais – OIs ou outros Estados – manifestando interesse em celebrar um tratado.[149] Essa assinatura é de responsabilidade do Presidente da República, enquanto Chefe de Estado, que deve encaminhar o texto para o Congresso Nacional acompanhado de uma fundamentação redigida pelo Ministro das Relações Exteriores. O Congresso, por sua vez, inicia a segunda fase, por meio do processo de projeto de decreto legislativo, que deve passar pela aprovação do Senado Federal e da Câmara dos Deputados. Caso aprovado, o decreto legislativo deve ser publicado no Diário do Congresso Nacional, que concede ao presidente o poder de celebrar definitivamente o tratado por meio da ratificação que tem sua publicidade no decreto presidencial, chamado também de decreto executivo ou de promulgação. Este decreto presidencial é essencial para a validade e aplicabilidade dos tratados na legislação nacional, como já foi definido pelo STF.[150]

Havia certa celeuma entre posições doutrinárias a respeito do *status* da norma internacional relativa a direitos humanos e parte da doutrina se digladiava sobre seu *status* ser equiparável a lei ordinária ou de caráter constitucional.[151] Para tentar sanar esse impasse, foi criada a EC 45/04, porém sua redação não atingiu as expectativas, gerando novas controvérsias. Segundo a redação da emenda, a norma internacional de direitos humanos deve ter hierarquia de norma constitucional caso aprovada com o mesmo rito de Emenda à Constituição. A partir daí,

---

[148] RAMOS, André de Carvalho. *Teoria geral dos direitos humanos na ordem internacional*. 2. ed. São Paulo: Saraiva, 2012, p. 142-144.

[149] Como será descrito, o sistema constitucional brasileiro é aquele denominado *visão dualista moderada*, que consiste na executoriedade local de tratados internacionais via a aprovação pelo Congresso Nacional, a ratificação pelo Chefe de Estado e a promulgação executiva pelo Presidente da República do texto do tratado, já em formato de norma doméstica.

[150] BRASIL. Supremo Tribunal Federal. *Ação Direta de Inconstitucionalidade 1.480/DF*. Acórdão. Tribunal pleno. Ementa: convenção nº 158/oit 7 – proteção do trabalhador contra a despedida arbitrária ou sem justa causa – arguição de ilegitimidade constitucional dos atos que incorporaram essa convenção internacional ao direito positivo interno do brasil (decreto legislativo nº 68/92 e decreto nº 1.855/96) – possibilidade de controle abstrato de constitucionalidade de tratados ou convenções internacionais em face da constituição da república [...]. Relator: Min. Celso de Mello. Data de Julgamento: 26/06/1997, Data de Publicação: DJ 08/08/2001.

[151] PIOVESAN, Flávia. *Temas de direitos humanos*. 5. ed. São Paulo: Saraiva, 2012, p. 47.

surgiram os questionamentos: se as normas anteriores, como o Pacto de São José da Costa Rica, não passaram por esse rito, teriam então *status* de lei federal? Poderiam ser entendidas como de *status* constitucional em razão de tal requisito sequer existir quando da sua aprovação? Não deveria o tratado de direitos humanos ser automaticamente entendido como possuindo valor constitucional com base no §2º do art. 5º da Constituição? Teria o novel §3º do mesmo art. 5º aumentado a insegurança a respeito da natureza jurídica dessa questão? Juristas internacionalistas, como Piovesan[152] e Cançado Trindade,[153] capitanearam o posicionamento de *status* constitucional com base na interpretação teleológica do art. 5º, §2º da CF, em especial considerando que nem mesmo havia previsão para esse rito constitucional ser cogitado à época de sua ratificação e entrada em vigor.[154] Os debates foram pacificados pela jurisprudência do STF, que passou a reconhecer o *status* de supralegalidade (acima da lei ordinária, mas abaixo da norma constitucional) das normas internacionais de direitos humanos que haviam sido internalizadas anteriormente à efetivação da EC 45/04.[155]

Apesar do entendimento de que a hierarquia normativa se encontra pacificada em terreno nacional, ainda não é o bastante para considerarmos como superada a questão da influência do direito internacional na legislação brasileira. Ao abordar a matéria de direito internacional, um dos tópicos mais espinhosos é a soberania de uma nação em face do sistema jurídico internacional. No campo das relações internacionais, duas posições podem ser claramente distinguidas: o Cosmopolitismo e o Comunitarismo. O ponto antagônico[156] entre as

---

[152] Ibid.

[153] TRINDADE, Antônio Augusto Cançado. *A interação entre o direito internacional e o direito interno na proteção dos direitos humanos*. Arquivos do Ministério da Justiça, v. 46, n. 182, 1993.

[154] Ibid, p. 48-49.

[155] BRASIL. Supremo Tribunal Federal. *Recurso Extraordinário 466.343/SP*. Prisão Civil. Depósito. Depositário infiel. Alienação fiduciária. Decretação da medida coercitiva. Inadmissibilidade absoluta. Insubsistência da previsão constitucional e das normas subalternas. Interpretação do art. 5º, inc. LXVII e §§1º, 2º e 3º, da CF, à luz do art. 7º, §7, da Convenção Americana de Direitos Humanos (Pacto de San José da Costa Rica). Recurso improvido. Julgamento conjunto do RE nº 349.703 e dos HCs nº 87.585 e nº 92.566. É lícita a prisão civil de depositário infiel, qualquer que seja a modalidade do depósito. Recorrente: Vera Lúcia B. de Albuquerque e Outros(as). Recorrido: Banco Bradesco S/A. Relator: Min. Cezar Peluso, 3 de dezembro de 2008. Disponível em: http://redir.stf.jus.br/paginadorpub/paginador. jsp?docTP=AC&docID=595444. Acesso em: 20 mar. 2020.

[156] GUIMARÃES, Feliciano de Sá. O debate entre comunitaristas e cosmopolitas e as teorias de Relações Internacionais: Rawls como uma via média. *Contexto Internacional*, v. 30, n. 3, p. 571-614, 2008.

duas posições pode ser identificado na existência de regras universais aprioristicas para a ação individual no cosmopolitismo em oposição ao condicionamento da natureza humana às influências de seu meio social, marcadamente comunitarista.

Não pretendemos nos imiscuir com profundidade em matéria tão extensa e própria das Relações Internacionais, apenas buscando apresentar os marcos teóricos que distinguem as duas correntes e por entender que sua abordagem influencia diretamente a temática ora discutida. Procuraremos demonstrar que, a despeito da linha a que porventura o jurista possa se filiar, é invariável a adoção do modelo do direito de apresentação tal como definido pela modelagem apresentada nos tratados internacionais estudados.

2.2.1 Cosmopolitismo como instrumento para a funcionalização do direito

Um dos pensamentos fundantes da ideia de cosmopolitismo é a filosofia de Immanuel Kant. O imperativo categórico, que ilustra a base do cosmopolitismo, é definido como sendo o direito-dever moral de todo indivíduo de ser capaz de se distanciar criticamente da sua realidade comunal, agindo em princípios aprioristicos que devem ser aplicados universalmente.[157] Essa postura permitiria a cada um julgar, com base em princípios universais, ações ou instituições interculturalmente. Conforme essa tese, não existem bens comuns coletivamente compreendidos, podendo cada pessoa perseguir sem intervenção do Estado, mas com sua proteção para o exercício dessa liberdade, o que compreenda como benéfico para si.

Além disso, Kant advogava que existem princípios naturalmente corretos que podem ser consolidados por meio das leis criadas afastadas de paixões, fundadas na própria razão e na coexistência das liberdades.[158] O justo, portanto, não é uma noção que possa ser relativa, mas sim o resultado de leis principiologicamente criadas, que são necessariamente adequadas se seguirem a receita de afastamento de desejos e foco em princípios de liberdade. Esses conceitos integram a visão cosmopolita

---

[157] COUTO, Felipe Macedo; ROCHA, Renato Gomes de Araújo. Uma análise de John Rawls e o cosmopolitismo a partir da obra de Immanuel Kant. *Direito & Justiça*, Porto Alegre, v. 39, n. 1, p. 5-15, jan./jun. 2013.

[158] NAHRA, Cinara Maria Leite, O Imperativo Categórico e o Princípio da Coexistência das Liberdades. *Princípios: Revista de Filosofia (UFRN)*. v. 2, n. 3, p. 13-31, 1995.

que "pressupõe um universalismo com respeito incondicional à pessoa humana como um fim em si mesmo".[159] A partir desses princípios, surgiu o que Kant denominou direito cosmopolítico, que seria uma comunidade internacional pacífica engendrada que tem em seu centro um complexo de direitos humanos e valores morais necessariamente comuns a todo ser humano. A justiça, por essa perspectiva, deve ser administrada universalmente de maneira a proporcionar um tipo de "paz perpétua", que seria a pacificação de todos os povos mesmo que não sejam necessariamente aliados, o que seria um princípio jurídico e não ético. Da união de todos os povos na concretização dessa paz perpétua surgiria o chamado *direito cosmopolita*, arcabouço de tais leis universais.[160]

De acordo com o desenvolvimento dessa linha de pensamento, Jorge Miranda avaliou o que entendeu como uma tendência evolutiva do direito internacional, que partiu de acordos unilaterais, para os multilaterais, passando pela criação de organismos internacionais e chegando ao ponto em que se discute a supremacia de normas internacionais sobre a legislação doméstica e a própria voluntariedade dos Estados a se sujeitarem a essas normas. O afastamento definitivo da voluntariedade da sujeição do Estado outrora soberano à coordenação internacional, consubstanciado à jurisdição compulsória das cortes internacionais, marcaria a implementação completa do modelo cosmopolita. Miranda tratou de sistematizar esse desenvolvimento evolutivo em oito etapas: a universalização; a regionalização; a institucionalização; a funcionalização; a humanização; a objetivação; a codificação e; a jurisdicionalização.[161]

Para o autor, a universalização é o reconhecimento de que todos os povos possuem direito de se autodeterminar, integrando a comunidade internacional e demandando seu reconhecimento formal. A regionalização veio como uma tendência pela qual comunidades políticas encontraram interesses em comum que os levariam a cooperar entre si em blocos de acordos multilaterais. Nessa tendência, organismos internacionais foram formados no desenho de instituições independentes integradas por países, mas além de suas fronteiras.

---

[159] GUIMARÃES, op. cit.

[160] ARLOTA, Alexandre. A globalização e o direito cosmopolita. *Cosmopolitan Law Journal / Revista de Direito Cosmopolita*, v. 2, 2014.

[161] MIRANDA, Jorge. A incorporação ao direito interno de instrumentos jurídicos de Direito Internacional Humanitário e Direito Internacional dos Direitos Humanos. *Revista CEJ*, v. 4, n. 11, p. 23-26, maio/ago. 2000. Disponível em: https://revistacej.cjf.jus.br/cej/index.php/revcej/article/view/344. Acesso em: 4 ago. 2022

Esses organismos internacionais ganham protagonismo para os cosmopolitas, na medida em que se tornam vetores para traçar regulamentações que influem nas normas internas enquanto também se estabelecem mediadores de questões internacionais, assumindo, tecnicamente, uma espécie de governança que os habilita a emitir soluções sobre questões envolvendo Estados. A esse protagonismo, Miranda chamou funcionalização. Finalmente, o sentido evolutivo por ele desenhado conduz ao que chamou universalização, que reconhece como característica intrínseca do direito internacional os direitos humanos. A partir desse ponto, existe uma proteção aos seres humanos além da relação diplomática (Estados ou cidadãos estrangeiros em oposição aos nacionais), englobando a proteção inalienável do indivíduo contra seu próprio Estado em âmbito internacional.

A objetivação é um ponto fulcral na dissonância entre as duas linhas, cosmopolita e comunitarista, uma vez que se propõe a superar o paradigma da voluntariedade do estado às normas internacionais. Estas, por sua vez, podem ser codificadas por um organismo internacional, sendo mais uma das etapas indicadas por Miranda. Essas últimas etapas são coroadas pela jurisdicionalização que é exercida pelos diversos tribunais internacionais, aptos a se sobrepor à jurisdição doméstica, impondo-se como jurisdição obrigatória. As regras para essa organização, no que tange à forma e ao momento em que uma corte internacional poderia efetivamente se impor sobre os tribunais locais, ainda necessitariam ser desenvolvidas.

Uma vez apresentado esse contexto, torna-se quase impossível negar a aplicabilidade da norma internacionalmente proposta por meio da codificação daqueles tratados firmados entre Estados com ou por intermédio de Organismos Internacionais. A objetivação supera qualquer resistência do Estado nacional que se sujeita não apenas aos tratados internacionais, como o Pacto de São José da Costa Rica, mas também ficando submetido à condenação por ele imposta pelo não cumprimento dos compromissos internacionais.

Restaria determinar em que ponto evolutivo, pela perspectiva cosmopolita, o Brasil se encontra. Considerando que o Brasil ratificou Convenções[162] e Pactos[163] para a criação de organismos internacionais, entendemos que já percorremos o caminho até pelo menos o estágio da

---

[162] Como a Convenção Americana de Direitos Humanos, ratificada em 1969.
[163] Como a Carta das Nações Unidas, ratificada em 1945.

CAPÍTULO 2 | 81

funcionalização. O passo seguinte seria a humanização que, como dito, é a fase na qual o próprio cidadão poderia buscar amparo internacional e proteção à violação de seus direitos internacionalmente protegidos.

Esse tema causou grande controvérsia no debate da Medida Cautelar na Petição 7.848 do Distrito Federal, na qual o ex-Presidente da República Luiz Inácio Lula da Silva já se encontrava condenado por órgão colegiado e iniciara o cumprimento provisório da pena, como autorizado à época pelo STF no julgamento do HC 126.292.[164] Naquela ocasião, o autor solicitou o registro de sua candidatura junto ao TSE,[165] que veio a ser indeferido, decidindo o Tribunal Eleitoral que o autor se encontrava impossibilitado de concorrer a eleições em razão da proibição promovida pela Lei complementar nº 135/2010 (Lei da Ficha Limpa) na Lei complementar nº 64/1990. Sua defesa recorreu da decisão, o que levou o debate para a Corte Suprema, alegando que a concessão de medida cautelar prolatada pelo Comitê de Direitos Humanos da ONU no âmbito de comunicação individual deveria assegurar o direito do autor a concorrer às eleições de 2018. Em seu acórdão, o STF se manifestou contrariamente ao interesse pleiteado em razão da inexistência de Decreto Executivo para dar aplicabilidade ao Decreto Legislativo nº 311/2009, que adotou formalmente o Protocolo Facultativo ao Pacto Internacional sobre Direitos Civis e Políticos, autorizador do acesso de pessoa natural ao Comitê de Direitos Humanos ao qual o autor buscara guarida.

Ao se manifestar pela inaplicabilidade do referido Protocolo Facultativo em razão da ausência do Decreto Presidencial que lhe incorporaria ao ordenamento positivo brasileiro, o STF respondeu a três questões necessariamente ligadas ao que buscamos definir neste momento. Primeiro, que o Brasil não reconhece a titularidade do indivíduo para se apresentar diretamente a OI, salvo se expressamente autorizado no tratado, o que impossibilita que afirmemos já nos encontrar na fase da humanização. Segundo que, ao exigir o Decreto Executivo, fica afastada a fase da objetivação, uma vez que a norma internacional

---

[164] Em 2019, o posicionamento da corte voltou a se modificar após o julgamento das ADCs 43, 44 e 54. As ações objetivavam determinar a constitucionalidade do art. 283 do CPP, segundo o qual a prisão somente poderia se dar cautelarmente ou em razão do trânsito em julgado da sentença condenatória. Todavia, essa modificação em relação ao cumprimento da pena, ainda que tenha concedido liberdade ao autor no bojo de seus processos, não gerou efeitos no julgamento ora colacionado.

[165] Registro de Candidatura nº 0600903-50.2018.6.00.0000.

ainda necessita ser avalizada internamente. Terceiro, que uma vez que não é reconhecido o poder jurisdicional formal ao Comitê de Direitos Humanos da ONU, cuja decisão não possui força executória em território nacional, resta negada a fase da jurisdicionalização.

Assim, acreditamos ser possível afirmar que, pela perspectiva cosmopolita, atualmente o Brasil se encontra em um processo de avanço da fase de funcionalização para a de humanização, considerando que em casos especificamente autorizados é possível a insurgência do cidadão a seu direito violado perante organismos internacionais.[166] Uma vez estabelecido que, pela perspectiva cosmopolita, estamos consolidados no estágio de funcionalização, é imperioso que passemos a compreender a necessidade de construir soluções interpretativas com base na experiência comparada, seja como fonte, seja inclusive como gênese, para a norma nacional dos direitos humanos.[167] Esse movimento agrega ao debate doméstico toda a experiência angariada internacionalmente, enriquecendo os enunciados de semelhante conteúdo presentes no nosso ordenamento e dando consistência às normas internacionais por meio de sua jurisprudência. Nesse passo, por essa linha doutrinária, tanto a norma internacional quanto a jurisprudência das cortes internacionais estão aptas a serem aproveitadas no ordenamento interno, com potencial ainda mais extenso de internalização à medida que o Brasil continue trilhando o caminho da evolução do Direito Internacional proposto por Miranda.

2.2.2 Comunitarismo e a soberania dos Estados

Surgido da prevalência norte-americana do século XX, o comunitarismo se contrapõe ao liberalismo político ao se fundamentar na ideia da tradição cultural como forma de reconstrução histórica e eticidade

---

[166] A título de exemplo, a própria Convenção Americana de Direitos Humanos autoriza, em seu art. 44, que indivíduos possam apresentar petições à Corte Interamericana de Direitos Humanos. O caso mais famoso do país é o da biofarmacêutica Maria da Penha Fernandes, que teve reconhecida a violação dos direitos às garantias judiciais e à proteção judicial, e o cumprimento de seus deveres firmados internacionalmente, por seus atos omissivos e tolerantes da violação infligida (COMISSÃO INTERAMERICANA DE DIREITOS HUMANOS. *Maria da Penha vs. Brasil. Caso 12.051, Relatório Anual nº 54/01.* OEA/Ser.L/V/II.111 Doc. 20 rev. at 704 (2000). 16 de abril de 2001. Disponível em: https://www.cidh.oas.org/annualrep/2000port/12051.htm. Acesso em 20 nov. 2021)

[167] SUXBERGER, Antonio. A funcionalização como tendência evolutiva do Direito Internacional e sua contribuição ao regime legal do banco de dados de identificação de perfil genético no Brasil. *Revista de Direito Internacional*, v. 12, n. 2, p. 649-665, 2015.

concreta, para além de abstrações filosóficas.[168] A linha comunitarista se distingue da cosmopolita na medida em que acredita na moralidade intrínseca da sociedade que a integra. Para essa linha, existe uma anterioridade natural da sociedade ao indivíduo. As qualidades do indivíduo são o que o formam como ser existente; qualidades como língua, cultura e história. Quando concatenadas em um dado espaço territorial por certo período, faz surgir princípios comuns que se tornam relevantes a tal ponto para essas pessoas, que é demasiadamente abstrato imaginá-los como indivíduos absolutamente desconectados para além de seu convívio comunitário.[169]

Segundo essa linha, o individualismo corrompe as ideias de vida social, coesão comunal e solidariedade. Acredita-se em um propósito maior que a pessoa, localizado na prosperidade da comunidade em si, sendo dever do Estado ativamente proteger essa sociedade, ao invés de se manter neutro.[170] Não é possível, então, uma busca pela essência de um homem etéreo idealizado, pois ele não existe, havendo em seu lugar um homem real com problemas reais que devem ser respeitados em sua particularidade, mas jamais destacado de sua sociedade. Não é o caso de os comunitaristas desconsiderarem completamente a relevância do indivíduo em si, mas sim que eles não podem ser compreendidos fora de seu meio e, exatamente por isso, é dever do Estado priorizar seus nacionais aos estrangeiros, por eles integrarem o complexo cultural que dá coesão àquela sociedade.[171] Logo, sem a constituição comunitária, não há que se falar em vida social, menos ainda em indivíduos, que não podem ser compreendidos ou mesmo concebidos por uma perspectiva solipsista.

Boa parte das definições comunitaristas de território como *locus* cultural sustenta-se no sistema estatal europeu moderno, surgido em 1648 ao final da Guerra dos Trinta Anos, por meio do acordo denominado Paz de Westfália. Foi por meio desse acordo que se consagrou

---

[168] FRIEDRICH, Tatyana Scheila. Identidade Moderna: perspectivas do comunitarismo. *Revista da Faculdade de Direito UFPR*, v. 43, n. 0, 2005. Disponível em: https://revistas.ufpr.br/direito/article/view/7057. Acesso em: 20 nov. 2021.

[169] BRAGA, Leonardo Carvalho. O debate cosmopolitismo ⊕ comunitarismo sobre direitos humanos e a esquizofrenia das relações internacionais, *Contexto Internacional*, v. 30, n. 1, p. 141-169, 2008.

[170] MORRICE, David, The Liberal-Communitarian Debate in Contemporary Political Philosophy and Its Significance for International Relations. *Review of International Studies*, v. 26, n. 2, p. 233-251, 2000.

[171] GUIMARÃES, op. cit.

a chamada "territorialização da política",[172] definindo finalmente os conceitos do que seria a soberania que se erguia acima de qualquer autoridade extraterritorial. Por esse conceito, o Estado é soberano dentro de seu espaço territorialmente definido e demarcado, podendo essa soberania ser mitigada, mas jamais perdida por completo, pois entendida como a própria fundação daquela sociedade.

Assim sendo, inexiste a possibilidade de que alguma norma internacional influencie diretamente ou indiretamente um ordenamento nacional, a menos que exista autorização prévia e vontade expressa daquele Estado. Dessa maneira, o centro do debate para o comunitarismo está nos marcos normativos positivados que criam a possibilidade de abertura do ordenamento brasileiro por meio de tratados internacionais de direitos humanos e suas respectivas garantias. Em diversos Estados, notadamente os que tiveram suas cartas maiores influenciadas pelo momento do pós-segunda grande guerra, como o Brasil, temos essa marca ainda mais forte. Isso pode ser fortemente comprovado quando a Constituição de 1988 opta por definir como fundamento da República a dignidade humana (art. 1º, III), bem como a prevalência dos direitos humanos como princípio orientador das relações internacionais (art. 4º, II) e a internalização de tratados de direitos humanos como hierarquia de norma constitucional, desde que aprovados pelo Congresso no mesmo rito de Emenda à Constituição (art. 5º, §3º).

A postura das cortes internacionais em considerar o direito interno como mero fato apto apenas a designar a vontade de um Estado é uma ilustração do unilateralismo internacionalista do direito internacional.[173] Pelo que acredita e defende a linha comunitarista, só existe o direito internacional em território nacional por meio da autorização expressa por quem de direito (no caso brasileiro, Congresso e Presidência da República) para que venha a produzir efeitos. Trata-se de uma cessão voluntária de parte de sua soberania, mas que pode perfeitamente ser restituída por meio do cancelamento da adesão ao tratado, denominado *denúncia*.[174] Mas o fato é que sequer se cogita a denúncia dos acordos internacionais de direitos humanos, em primeiro lugar por haver previsão constitucional no sentido de cativar tratados que os resguardem

---

[172] OLIVEIRA, Ariana Bazzano de. Intervenções humanitárias: a tensão entre os direitos humanos e a soberania. *Carta Internacional*, v. 4, n. 2, p. 117-121, 2009.

[173] RAMOS, André de Carvalho. *Teoria geral dos direitos humanos na ordem internacional*. 2. ed. São Paulo: Saraiva, 2012, p. 139-140.

[174] VARELLA, op. cit., p. 126.

e em segundo lugar por haver claras vantagens estratégicas ao país integrante dessa rede internacional.

O primeiro grande tratado sobre o tema assinado pelo Brasil foi a própria Declaração Universal dos Direitos Humanos em 1948. Desde o início, a Declaração deveria servir como um farol para novas etapas que a ONU buscaria implementar, representando em si apenas a primeira delas.[175] Tanto é que a declaração é quase uma carta de intenções, cujos artigos vieram a ser aprofundados em instrumentos próprios que foram assinados em seguida. Dentre esses instrumentos, citamos como exemplos o Pacto Internacional de Direitos Políticos e Civis, abordado no subcapítulo 2.1, e o Pacto Internacional sobre Direitos Econômicos, Sociais e Culturais, ambos assinados e em vigor no Brasil desde 1992.[176] Já em 1998, o Decreto 4.463 definiu como obrigatória a competência da CIDH em todos os casos relativos à interpretação ou aplicação da Convenção Americana de Direitos Humanos, e a convenção de Viena, promulgada em 2009, vedou em seu art. 27 que o Estado membro invoque disposições de seu direito interno para justificar o inadimplemento de tratados firmados internacionalmente.

Ou seja, mesmo pela perspectiva comunitarista, é necessário reconhecer que o país *voluntariamente* concordou com a sujeição de seu ordenamento tanto à norma internacional de direitos humanos, objeto dos referidos acordos internacionais, quanto à jurisdição da CIDH, sendo impossível afastar dessa autorização o respeito à jurisprudência dela emanada como fonte para interpretação legal. A própria Constituição tem prevista em seu bojo a implementação de decisões internacionais de direitos humanos e às suas instâncias internacionais de proteção.[177] A resistência para aplicação dessa hermenêutica seria um flagrante rompimento com os compromissos internacionalmente assumidos, sujeitando o Brasil, inclusive, a sanções políticas internacionais.[178]

Sempre que é feita referência às autorizações normativas, seja constitucional, seja no âmbito dos tratados formalmente firmados, como justificação para a aplicação da norma internacional, está sendo feita uma deferência ao princípio comunitarista de soberania do Estado

---

[175] COMPARATO, Fábio Konder. *A afirmação histórica dos direitos humanos*. 7. ed. São Paulo: Saraiva, 2010, p. 178-179.

[176] Decretos 591 e 592 de 1992.

[177] RAMOS, André de Carvalho. *Processo internacional de direitos humanos*. 2. ed. São Paulo: Saraiva, 2012, p. 286.

[178] Ibidem, p. 25-28.

brasileiro em seu próprio território sobre a comunidade internacional. A verdade é que, ao fim e ao cabo, é extremamente dificultoso imaginar qualquer das duas teorias completamente isolada uma da outra, de forma que, ao tratar da realidade política, teremos presentes ambas se completando ao mesmo tempo que se contrapõem. É por esse motivo que, na mesma medida em que o cosmopolitismo suscita a necessidade de autorização da constituição para que a norma internacional produza efeitos em ambiente interno, o comunitarismo permite que tribunais internacionais possuam jurisdição em território nacional. O grande antagonismo no fim das contas se restringe ao objeto final de um ou de outro, que seria, no cosmopolitismo, a dissolução das fronteiras nacionais e do comunitarismo sua preservação e incidência da norma internacional apenas quando autorizado.

Não obstante essa reflexão, resta indiscutível que, seja pela linha comunitarista, seja pela cosmopolita atualmente concebidas, a conformação do ordenamento nacional aos tratados de direitos humanos firmados pelo Brasil é medida compulsória para a nação, sob pena de possível sanção internacional. Ainda que a fundamentação que assegura esse cumprimento seja bem distinta entre os modelos, quando estamos falando dos direitos humanos, o país se encontra coberto por ambas as perspectivas e não parece haver cabimento à discussão sobre a legitimidade da aplicação das normas internacionais que foram debatidas neste capítulo. Superada essa digressão no que toca à incidência da normativa internacional, passamos finalmente para a problematização do direito de apresentação e como sua garantia foi instrumentalizada no Brasil, bem como se é o caso de estudar uma revisitação para que ele possa se adequar ao que determina a norma internacional.

CAPÍTULO 3

O DIREITO DE APRESENTAÇÃO NO CONTEXTO DO FLAGRANTE DELITO

Uma vez apresentado o conteúdo necessário a compreender o direito de apresentação, assim como o que entendemos pretendido pela literatura internacional, e compreendido o desenvolvimento do instituto de flagrante delito no Brasil, possuímos o ferramental adequado para avaliar de maneira crítica e coerente sua modelagem no país. Para tanto, é necessário que sejam estudados os arranjos institucionais que envolvem o instituto que foi criado nacionalmente para que assumisse a função de garantir o direito de apresentação: a audiência de custódia.

Iniciaremos o presente capítulo explorando sobre como a forma e exteriorização de modelos de autoridade influenciaram a formatação das garantias do direito de apresentação. Em seguida, apresentaremos um apanhado da modelagem utilizada no Brasil para a audiência de custódia, considerando sua adequação à nossa realidade. Passaremos pelos marcos normativos a ela atinentes e concluiremos essa primeira parte em uma avaliação a respeito da adequação dessa formatação ao que foi compromissado pelo país em seus tratados internacionais.

Ao final do capítulo, será possível perceber a profundidade das incoerências dogmáticas que criamos sobre algo que deveria ser absolutamente simples, mas também possibilitará uma reflexão sobre qual deveria ser a estrutura juridicamente lógica para o direito de apresentação no Brasil. A questão da dogmática e ajustes institucionais assumem o protagonismo da parte final deste livro ao buscar compreender em que medida nosso instituto do flagrante delito atende às necessidades de política criminal. Para tanto, é necessário localizar nosso arranjo institucional de flagrante delito na comunidade internacional, conjugando esse esforço numa direção concreta que esteja apta a impactar a política criminal brasileira e oferecer alternativas ao nosso procedimento, que se apresenta insuficiente para assumir satisfatoriamente seu papel na nossa justiça criminal.

3.1 Como os modelos de autoridade marcam profundamente as formas de garantia de direitos

É de suma importância que fique clara a distinção entre o direito de apresentação e a audiência de custódia. O direito de apresentação foi conceituado na introdução desta obra, mas não se resume apenas ao direito do preso de ser visto e ouvido pelo juiz. Andrade e Alflen complementam dizendo que esse ato não se destina aos interesses do magistrado, mas para a preservação dos direitos de todo indivíduo cerceado de sua liberdade pelo Estado, quais sejam, de que o ato em si seja legal, que tenha sido exercido dentro da razoabilidade e mostre--se necessário.[179] Temos, então, que o direito de apresentação deve ser compreendido como uma prerrogativa do detido para que seja levado pessoalmente à presença do juiz que avaliará as circunstâncias do fato entendido como criminoso em que estava envolvido. Esse direito corresponde tanto às audiências de instrução e julgamento quanto às situações de detenção ou prisão em flagrante delito. Ou seja, há um direito subjetivo vinculado a um ato estatal que deve ser realizado de maneira a garantir aquele direito.

Como já apresentado extensivamente no capítulo anterior, o direito de que toda pessoa detida ou presa seja recebida pelo juiz ou outra autoridade autorizada por lei a exercer funções judiciais foi originalmente previsto em 1966 pelo Pacto Internacional sobre Direitos Civis e Políticos,[180] reafirmado pela própria Convenção Americana sobre Direitos Humanos em 1969[181] e finalmente pelo Corpo de Princípios para a Proteção de Todas as Pessoas Submetidas a Qualquer Forma

---

[179] ANDRADE, Mauro Fonseca; ALFLEN, Pablo Rodrigo. *Audiência de custódia no processo penal brasileiro*. 3. ed. Porto Alegre: Livraria do Advogado Editora, 2018, p. 132.

[180] Art. 9º.3: *Anyone arrested or detained on a criminal charge shall be brought promptly before a judge or other officer authorized by law to exercise judicial power and shall be entitled to trial within a reasonable time or to release [...].*

[181] Art. 7º (5): Toda pessoa detida ou retida deve ser conduzida, sem demora, à presença de um juiz ou outra autoridade autorizada pela lei a exercer funções judiciais e tem direito a ser julgada dentro de um prazo razoável ou a ser posta em liberdade, sem prejuízo de que prossiga o processo. Sua liberdade pode ser condicionada a garantias que assegurem o seu comparecimento em juízo.

de Detenção ou Prisão em 1988.[182] Então, o direito em si é empregado amplamente nos países constituídos sob o império da lei, a exemplo de muitos dos aqui já citados. Mas não necessariamente o direito de apresentação se exprime de maneira uniforme entre os países que o adotam e protegem. A grande distinção de tratamento desse instituto são a forma de garantir que esse direito seja respeitado, os arranjos institucionais que o fundam, regulam e finalmente o implementam.

Não é demais recordar neste momento a importante distinção entre direitos e garantias. Os direitos, que mormente podem ser de ordem individual, coletiva social ou difusa, são considerados bens jurídicos que necessitam de proteção. As garantias, por sua vez, são justamente *os meios de proteger direitos*, podendo ser de dois tipos: jurídicas ou institucionais.[183] A garantia jurídica é aquela legalmente prevista como inviolável,[184] enquanto as garantias institucionais são verdadeiros comandos dirigidos ao legislador, que visam à proteção das instituições que asseguram direitos sociais.[185]

Isso implica que um mesmo direito pode ser garantido de formas distintas. Indiscutível então que a forma de garantir o direito de apresentação vai ser modelada a depender da realidade de cada país, notadamente no que tange ao seu sistema jurídico. Salvo exceções, que sempre vão existir (tecnicamente, o próprio Brasil pode ser entendido como uma), é notável que a garantia do direito de apresentação se manifesta como garantia jurídica nos países de tradição de *common law*, e institucional nos países de tradição de *civil law*. Isso quer dizer que, entre países de cultura anglo-saxã, a própria lei prevê que o detido em flagrante deve ser encaminhado ao responsável pela definição ou não de sua prisão, enquanto naqueles cuja inspiração vem do modelo europeu continental, existe um arranjo institucional que determina um órgão ou pessoa com poderes legais de definir sobre a prisão daquele detido em flagrante, inserido em toda uma estrutura de revisão e atribuições detalhadamente definidas.

---

[182] Princípio 37: *A person detained on a criminal charge shall be brought before a judicial or other authority* provided by law promptly after his arrest. Such authority shall decide without delay upon the lawfulness and necessity of detention [...].

[183] GANDRA, Ives da Silva Martins; MENDES, Gilmar Ferreira; NASCIMENTO, Carlos Valder do. *Tratado de direito constitucional*, v. 1. 2. ed. São Paulo: Saraiva, 2012, p. 137.

[184] Ibid.

[185] Ibidem, p. 791.

Mirjan Damaška aborda as duas formas de organização da autoridade nos sistemas de direito anglo-saxão e europeu continental,[186] fruto do criativo desenvolvimento do direito romano nessas localidades. O autor entende que a estrutura de autoridade oriunda do direito europeu continental, que remonta à organização desenvolvida a partir da Revolução Francesa e que culmina no Iluminismo francês, é aquela que chamou de modelo hierárquico. Já a estrutura que adveio do desenvolvimento anglo-americano, notadamente derivado do Iluminismo inglês, é denominado como modelo de coordenação.

Para o modelo hierárquico, é necessário que haja uma uniformidade nas políticas e na exteriorização do Poder do Estado, de forma que o exercício do Poder não emana autonomamente de determinada função ou cargo público, mas sim é delegado a estas posições, necessitando que esteja sob constante controle de escalões superiores. O exercício desse poder precisa estar cuidadosamente delineado legalmente, bem como suas possibilidades de emprego, submetidos a uma complexa forma de revisão dentro de sua própria estrutura (hierarquicamente escalonada) ou externamente pelo judiciário (por sua vez, também organizado em uma rígida estrutura hierárquica).

Isso implica que, para que determinado poder seja exercido por uma autoridade específica, deve haver previsão legal expressa no seu ordenamento jurídico. Quando existe a possibilidade de decisão colegiada, essa decisão deve sair como uma só voz, expressando a vontade do Poder Público, transmutando a palavra dos decisores na voz da instituição e não nos interesses dos indivíduos que a integram e efetivamente se posicionaram em determinado sentido. A própria decisão em si necessita estar lastreada na norma positivada e deve ser dirigida para o interesse público, o que demanda, em regra, conhecimento burocrático da organização estatal ou técnico das leis. Por esse motivo, o modelo hierárquico pretere a participação de leigos na administração da justiça, uma vez que são incapazes de endereçar-se a questões criminais por meio do prisma de regras abstratas. Para o leigo, cada caso é uma crise própria ao invés de uma representação quase silogística da aplicação normativa à situação concreta, o que acaba por inserir um elemento de imprevisibilidade na administração da justiça, algo indesejável para o modelo hierárquico que preza pela

---

[186] DAMAŠKA, Mirjan. Structures of authority and comparative criminal procedure. *The Yale Law Journal*, v. 84, n. 3, p. 480-544, 1975.

previsibilidade de decisões. Os fatos devem ser adequados às premissas da norma, independentemente da forma como o decisor compreenda a questão. Mais ainda, sua *opinião* sobre a melhor solução para o caso, fora da regra legal, pode atrapalhar sua capacidade de articular a decisão desejável dentro das margens previamente estabelecidas pela norma que havia tentado prever exaustivamente todas as variáveis possíveis de fatos julgados.

Justamente por esses motivos é necessária uma pesada estrutura burocrática, na qual devem ser realizados minuciosos registros de documentos e atos públicos para que possam ser feitas revisões posteriores, seja por superiores, seja pelo judiciário. Todos esses registros necessitam ser metodicamente formalizados e sempre retirada toda e qualquer forma de pessoalidade, pois manifestações institucionais e não pessoais. Isso se reflete na própria técnica de redação utilizada, onde os pronomes empregados são em regra na terceira pessoa, salvo quando o ocupante do cargo público é o órgão em si, o que o *autoriza* a se manifestar como o próprio órgão, caso dos membros do Poder Judiciário brasileiro, por exemplo.

Essa realidade do modelo hierárquico é necessariamente presente também na estrutura de suas polícias. A própria forma de separação entre a polícia judiciária (autorizada a participar do processo criminal) e administrativa (com atribuição de manter a paz, essencialmente, a polícia preventiva) é oriunda do modelo hierárquico de poder francês.[187] As forças policiais que se basearam no modelo continental são permeadas de regulações internas e externas, o que acaba por criar um ambiente hierárquico e organizacional de tal vulto que mesmo em polícias civis há muita semelhança com organizações militares.[188] Essa forma de centralização de poder concentra a discricionariedade autorizada pela lei nas autoridades de maior patente, enquanto as patentes mais baixas ficam submetidas a regras rígidas e forte controle interno. Por outro lado, o controle externo é tímido na sua normatização, em especial quando comparado com o controle externo da promotoria de justiça ou do próprio judiciário.

---

[187] SILVA JÚNIOR, Azor Lopes da. Segurança pública. estrutura e relações institucionais: um "exercício arqueológico" em busca das origens da dicotomia policial. *Homens do Mato – Revista Científica de Pesquisa em Segurança Pública*, v. 17, n. 3, 2017.

[188] DAMAŠKA, op. cit., p. 502.

Já o modelo de coordenação[189] é aquele natural dos sistemas de *common law*, oriundo de países com tradição anglo-americana ou anglo--saxões. Para essa forma de estruturação da autoridade, em sentido diametralmente oposto àquele objetivado pelo modelo hierárquico, é importante que os decisores estejam envolvidos com casos concretos apresentados à justiça, vez que, em última instância, é uma decisão não dogmática, mas diretamente ligada à vida real. As normas e valores do modelo de coordenação não são necessariamente positivados e rígidos como no modelo de hierarquia. Pode-se dizer, inclusive, que é desejável que não o sejam. E isso leva a três características peculiares do modelo de coordenação: 1) não há uma clara definição de centralização da autoridade ou mesmo de hierarquias de subordinação; 2) mesmo na incipiente pirâmide hierárquica que existe, não são desenhadas distinções marcantes do poder de cada autoridade, uma vez que o poder não é delegado pelo órgão, mas inerente e autônomo do cargo ocupado e 3) a função não é desconectada da pessoa que a ocupa, assim, ela possui maior autonomia para exercer o poder a ela conferida, respondendo ela própria por sua atuação, não sendo o ato emanado no nome da instituição, mas no seu próprio nome e cargo.

Uma vez que o modelo pretende enfrentar situações concretas em suas particularidades, a mera possibilidade de tentar predeterminar todos os resultados possíveis de forma abstrata para casos reais é rechaçada como juridicamente desejável ou mesmo legalmente válida. Portanto, as leis positivas, quando existentes, não são detalhistas institucionalmente, dando ao decisor espaço para moldar as suas determinações. A discricionariedade é uma regra e, como tal, é desejável a participação de leigos em diversos níveis da administração pública. Nesse sentido, é absolutamente desnecessário manter registros pormenorizados das atividades das entidades públicas,[190] e mesmo as poucas regras burocráticas desse modelo são rudimentares, sendo a própria padronização vista com desdém e um desnecessário desperdício de tempo e recursos.

---

[189] Ibidem, p. 482.

[190] Optamos pela expressão *entidades públicas* como uma tradução para a palavra original do inglês *bodies*. Note-se que mesmo esse substantivo denota a diferença entre os tipos de organização pública. O que para o modelo hierárquico são órgãos públicos, portanto, partes de um todo que devem agir como um só corpo, no modelo de coordenação, fala-se em corpos públicos, cada um sendo um universo em si mesmo.

CAPÍTULO 3
O DIREITO DE APRESENTAÇÃO NO CONTEXTO DO FLAGRANTE DELITO | 93

No modelo de coordenação, o funcionário ideal (desde juízes até funcionários públicos) não é visto como aquele que compreende a burocracia, ou seja, detentor de treinamento legal e compreensão jurídica, mas como aquele que consegue definir a melhor resposta para os problemas que aparecem no dia a dia dos casos concretos. A decisão não é construída com base em técnica jurídica ou normas previamente estabelecidas, mas envolve uma escolha discricionária de ordem prática que busca a melhor solução possível para o problema de política pública que se apresentou, conforme valores de ordem ética e política. O funcionário desejável para essa forma de organização da administração pública é a pessoa que se destaca como solucionadora de problemas, respeitando os valores da sociedade na qual está inserida. Inexiste a noção de que o judiciário só deve se ater ao ato de julgamento por subsunção, havendo uma participação ativa dos juízes e cortes no desenvolvimento normativo, poder que se busca explicar no estudo de teorias como a do arranha-céu (criação do direito pelo julgador) ou do continente não mapeado (descoberta do direito que sempre existiu, mas ainda não foi explorado), próprias do sistema de *common law*.[191]

As entidades públicas são completamente descentralizadas, e geralmente destacadas de esquemas de hierarquia institucional. Damaška utiliza o exemplo do júri popular[192] para ilustrar essa ideia, ressaltando que a soberania do júri (instituição constituída por leigos, de maneira geral) no sistema de justiça anglo-americano se encontra independente de entidades revisoras e suas decisões devem conter os conceitos de justiça de sua comunidade, sendo impensável ou sequer compreensível a revisão recursal prevista nos sistemas continentais. Mesmo quando é possível a revisão (a apelação, por exemplo, é um recurso entendido como extraordinário) da decisão anterior, ela é mais entendida como uma nova ação do que a continuação da que lhe deu origem.

Não fica difícil compreender que nesse cenário todo policial atua autonomamente e de forma mais livre, possuindo a discriciona-riedade de invocar procedimentos criminais, vez não haver uma organização central para tomar decisões. Enquanto no Brasil é necessária uma movimentação hierárquica para, por exemplo, requisitar uma busca e apreensão ou interceptação telemática somente por meio de

---

[191] CHAFEE, Zechariah. Do Judges Make or Discover Law? *Proceedings of the American Philosophical Society*, v. 91, n. 5, p. 405-420, 1947.

[192] DAMAŠKA, op. cit., p. 512.

manifestação da autoridade policial, em países de tradição anglo-saxã, esse poder é inerente à atividade policial e não delegado a um cargo específico. No que toca à acusação, é sensível a diferença de liberdade que o promotor possui em comparação com sua contraparte continental, sendo entendido como um decisor autônomo dos interesses do Poder Público. Sua decisão pela denúncia, inaugurando o processo, é praticamente irrecorrível, bem como a opção por não denunciar, em especial por inexistir a possibilidade de ajuizamento de ação penal privada subsidiária da pública.

No Judiciário desses países, o juiz é visto como um especialista técnico que auxilia o decisor (júri) na sua atividade de julgar. Ainda que se entenda como regra a passividade do juiz durante as audiências, existe bastante espaço para uma atuação proativa quando necessário, como nas audiências anteriores ao julgamento (*pretrial hearings*), e na fase de decisão, na qual não há que se falar em passividade, podendo por diversas vezes o juiz assumir posturas inquisitoriais sem paralelo mesmo no sistema europeu continental.

3.2 Formas de garantia do direito de apresentação e suas particularidades nos países de *common law* ou *civil law*

Com a finalidade de ilustrar a perspectiva de que os modelos de autoridade influenciam na forma de garantia do direito de apresentação, iremos cotejar alguns arranjos institucionais de modelos de hierarquia e coordenação no Continente Americano. Para tanto, escolhemos como opção metodológica os países mais bem colocados no *ranking* de proteção aos direitos humanos, segundo a metodologia sugerida por Fariss em 2014[193] e atualizada em 2019.[194] No estudo, os índices da relação total são representados variando os valores entre −3,8 e 5,4. A pior categoria gira entre os índices de −4 a −3, os medianos se encontram com 0 ponto e os mais elevados maiores que 3. Para fins comparativos, selecionamos da relação com dados mais atualizados (ano de 2017),[195] os países mais bem

---

[193] SCHNAKENBERG, Keith E.; FARISS, Christopher J. Dynamic Patterns of Human Rights Practices. *Political Science Research and Methods*, v. 2, n. 1, p. 1-31, 2014.

[194] FARISS, Christopher J. Yes, Human Rights Practices Are Improving Over Time. *American Political Science Review*, v. 113, n. 3, p. 868-881, 2019.

[195] UNIVERSITY OF OXFORD. Human Rights Protection Scores. *Our World In Data*. Disponível em: https://ourworldindata.org/grapher/human-rights-scores?tab=table. Acesso em: 20 nov. 2021.

CAPÍTULO 3
O DIREITO DE APRESENTAÇÃO NO CONTEXTO DO FLAGRANTE DELITO | 95

colocados das Américas (pontuações maiores que 2), dentre os quais dois seguem o modelo de hierarquia e três o modelo de coordenação. Na América do Norte, cotejaremos os arranjos do Canadá (pontuação 2,79); na América Central, São Cristóvão e Névis (pontuação 3,05), Granada (pontuação 2,36) e Panamá (pontuação 2,21); enquanto na América do Sul exploraremos o Uruguai (pontuação 2,78)

Começando pela América do Norte, trataremos o Canadá, país de tradição jurídica anglo-saxã. No país, o *Criminal Code* nacional define que o policial (*peace officer*) pode prender em flagrante (*arrest without warrant*) a pessoa que estiver cometendo um crime ou contra quem subsista fundada suspeita de que tenha cometido ou irá cometer um crime denunciável (art. 495). É possível que o detido seja liberado antes de transcorridas 24 h após a prisão (art. 503 (1.1)) se houver comprometimento de comparecimento em juízo ou mediante a imposição de que o detido adote certos comportamentos (*undertaking*), que podem ir desde se abster de consumir álcool ou drogas até se manter afastado de determinados lugares. De maneira geral, essas condições se assemelham muito às medidas cautelares diversas da prisão do art. 319 do CPP brasileiro. Em todo caso, tal liberação só pode ser realizada pela polícia desde que o crime não seja de traição, intimidação de parlamentar, incitação a motim, ofensas de sedição, pirataria ou homicídio (art. 469). Não sendo liberado, a prisão é considerada legal (art. 498 (3)), devendo o preso ser apresentado à justiça. Nesse caso, determina o art. 494 (1), cominado com o art. 503 (1), que o preso em flagrante deve ser apresentado em até 24 h ao funcionário público com tal incumbência[196] para decidir sobre a prisão.

Na América Central avançamos então para São Cristóvão e Névis, outro país de sistema de *common law*. A prisão é regulada no país pelo seu *Criminal Procedure Act*, que mais se assemelha a um manual que a um código legal. O flagrante (*apprehend without warrant*) está descrito na Parte II, item 3, que declara que a polícia (*Constable or peace officer*) pode apreender (*apprehend*) sem mandado qualquer pessoa encontrada cometendo um crime punível, seja por crime que possa ser denunciável, seja em hipótese de condenação sumária, devendo ser imediatamente

---

[196] Na lei canadense está determinado que o criminoso deve ser encaminhado para ser julgado por um *justice*, que não se confunde com o juiz. A legislação esclarece, porém, que juízes também podem julgar casos assim, então optamos por não fazer uma distinção nesse momento, pois fugiria ao escopo de mero cotejamento legal.

levado perante um magistrado (*Magistrate*)[197] para ser tratado de acordo com a lei. O *Magistrate's Code of Procedure Act*, por sua vez, determina que qualquer pessoa apreendida sem um mandado deve ser levada perante um magistrado assim que possível (Parte III, item 43). Se isso não ocorrer até 24 horas após a pessoa ter sido levada sob custódia, qualquer policial responsável por qualquer delegacia deverá investigar o caso. Salvo se for de natureza grave, o preso deverá ser posto em liberdade, com ou sem garantias, para posterior comparecimento perante um magistrado.

Outro país de tradição anglo-saxã, portanto, constituído no sistema de *common law*, é Granada. Seu *Criminal Procedure Code* traz no art. 8º a autorização para que qualquer pessoa flagrada cometendo uma ofensa sumária[198] (*summary offence*) seja presa sem mandado (*without warrant*) por um policial (*constable*), pela vítima ou pessoa por eles chamadas para ajudar. Já no caso de crimes (*indictable offence*),[199] descrito no art. 9º, há a abertura para possibilidade de prisão por qualquer pessoa sem mandado judicial. O flagrante é também compreendido nos itens do art. 9º como se estendendo a qualquer pessoa que: esteja sendo perseguida por clamor; a quem qualquer propriedade é oferecida para ser vendida penhorada ou entregue, e que se tenha fundamento razoável para suspeitar que qualquer crime denunciável (*indictable*)[200] foi ou está prestes a ser cometido sobre ou com relação à propriedade, ou quem estiver na posse de propriedade sob a qual recaia fundada suspeita de ter sido obtida por qualquer crime denunciável.

---

[197] Assim como nos demais sistemas de *common law*, o magistrado se diferencia de um juiz. Enquanto este possui plena jurisdição, o magistrado e o juiz de paz em São Cristóvão e Névis possuem basicamente jurisdição sobre pequenas causas civis ou criminais e recebimento de flagrantes (tendo o magistrado mais poderes que o juiz de paz, por exercer jurisdição, competência que o juiz de paz não possui – Parte I, item 13). Conforme o *Magistrate's Code of Procedure Act*, os magistrados e os juízes de paz são indicados pelo Governador geral.

[198] Ofensa sumária é descrita no art. 3 como sendo, em tradução livre, a "ofensa punível com condenação sumária e inclui qualquer questão a respeito da qual um Tribunal de Magistrados pode proferir uma ordem no exercício de sua jurisdição criminal sumária".

[199] Traduzimos *indictable offence* como crimes com a finalidade de distingui-los das ofensas sumárias (crimes menos graves). O *Criminal Code* de Granada define no seu art. 3º(1) *indictable offence* em tradução livre como "qualquer ofensa punível sob o Livro III deste código ou punível sob indiciamento em qualquer outra lei". *Indictment*, por sua vez, é definido no mesmo artigo e item como sendo uma comunicação criminal perante um júri, o que corresponde à nossa denúncia (GRENADA. Chapter 72A. *Criminal Code*. Disponível em: https://www.wipo.int/edocs/lexdocs/laws/en/gd/gd011en.pdf. Acesso em: 20 nov. 2021).

[200] Conforme mencionado na nota anterior, optamos por traduzir *indictable* de forma livre como *denunciável*, em especial para distingui-la do indiciamento que conhecemos no Brasil.

CAPÍTULO 3
O DIREITO DE APRESENTAÇÃO NO CONTEXTO DO FLAGRANTE DELITO | 97

Logo em seguida, o procedimento a ser cumprido seguido da prisão com ou sem mandado é descrito no art. 13 do *Criminal Procedure Code*. O dispositivo prescreve que toda pessoa presa deve ser apresentada perante um juiz ou magistrado,[201] a depender do caso, assim que possível. Fica previsto também que toda pessoa presa por quem não seja um policial ou oficial de justiça (*bailiff*) deverá ser entregue à custódia de um policial o mais rápido possível, para posterior e imediato encaminhamento ao juiz ou magistrado. O art. 94 garante ao magistrado poderes para inquirir, no prazo dos 12 meses seguintes ao cometimento do crime, qualquer pessoa que possa esclarecer os fatos a respeito de uma prisão em flagrante dentro de sua jurisdição. A garantia jurídica do direito de apresentação ocorre durante a chamada Audiência Preliminar (*Preliminary Inquiry*), que se dá perante o magistrado em decorrência de prisão com ou sem mandado (art. 100 (2)) e independentemente de haver qualquer indício de irregularidade ou ilegalidade na prisão ou custódia propriamente dita. Durante a Audiência Preliminar, após ouvida a denúncia e as testemunhas da defesa e acusação (arts. 101 a 104), o magistrado pode entender não haver indícios suficientes para uma ação contra o acusado, sendo necessário fornecer uma declaração de que a pessoa não será acusada (art. 105 (1)). Nesse caso, o advogado-geral pode pedir ciência da decisão, sendo-lhe facultado recorrer perante um juiz, que pode determinar a prisão do indivíduo para ser ouvido ou encerrar de vez o caso (art. 105 (2)). Entendendo o magistrado haver substância no caso, ele citará o acusado para que seja julgado na próxima audiência da corte, podendo o acusado solicitar um julgamento imediato (art. 106).

É importante destacar que os procedimentos acima cotejados se enquadram perfeitamente na descrição apresentada anteriormente do modelo de coordenação, na qual o Canadá, São Cristóvão e Névis e Granada possuem o direito de apresentação garantido juridicamente pela norma, além de distribuir o poder de prisão por todo o efetivo policial e permitir que outras autoridades judiciais, que não necessariamente juízes togados, possam avaliar a legalidade da prisão (caso dos *justice*s no Canadá e magistrados em São Cristóvão e Névis e Granada).

---

[201] Os magistrados possuem jurisdição sobre ofensas sumárias, enquanto os juízes sobre os crimes. Todavia, magistrados são relacionados como tendo competência para realizar as Audiências Preliminares (*Preliminary Inquiry*).

O único país que utiliza o sistema de *civil law* bem avaliado da América Central é o Panamá. Nele, o código que trata dos arranjos institucionais do flagrante delito, chamado *Codigo Judicial: Proceso Penal*, prevê que o flagrante (art. 2149) se caracteriza quando o agente é apanhado quando comete ato punível, depois de cometê-lo ou se pego como resultado de perseguição. Também existe flagrante delito quando o agente é surpreendido pela *autoridade pública* imediatamente após a prática de ato punível, quando indicado como autor ou participante, desde que presumível sua autoria ou participação. Também existe flagrante delito quando o ato punível foi cometido dentro de uma residência ou qualquer outra área fechada e o residente retém o infrator enquanto requer a presença de um investigador (*funcionario de investigación*) ou de qualquer autoridade policial (*autoridad policiva*) para entregá-lo e formalizar o fato como consumado.

Quando houver flagrante delito, poderá ser decretada detenção preventiva (*detención preventiva*) após o cumprimento das formalidades devidas (art. 2148). Na eventualidade de alguém ser detido sem determinação prévia do funcionário de instrução (*funcionario de instrucción*),[202] como é o caso do flagrante, essa pessoa deve ser colocada à sua disposição (art. 2158) no prazo de 24 horas após o fato. Então, o funcionário de instrução examinará o caso e, se for procedente a hipótese de detenção, determinará dentro das 24 horas seguintes que seja mantida, comunicando-a ao Chefe ou Diretor da prisão. Com efeito, a detenção é efetivamente decretada pelo funcionário de instrução, oportunidade em que manifestará (art. 2159) sob pena de nulidade: 1) o fato alegado; 2) os elementos probatórios recolhidos para a verificação do ato punível e 3) os elementos probatórios que surgem no processo contra a pessoa cuja prisão é ordenada.

Finalmente, na América do Sul, apenas o Uruguai se destaca no *ranking* apresentado. O país utiliza o sistema jurídico de *civil law*, herdado da tradição europeia continental. O Código *del Proceso Penal*

---

[202] É previsto no art. 2007 do Código Judicial panamenho que as atividades chamadas de *instrucción sumaria* (instrução sumária, ou que ainda pode ser traduzida como investigação sumária), são exercidas por agentes do Ministério Público, denominados *funcionarios de instrucción* (funcionários de instrução, em uma tradução livre). Estes agentes não se confundem com os promotores (*fiscales*). O art. 2004 do mesmo código explicita que *El Ministerio Público será ejercido por el Procurador General de la Nación, el Procurador de la Administración, los Fiscales y Personeros y por los demás funcionarios que establezca la ley. Los agentes del Ministerio Público podrán ejercer por delegación, conforme lo determine la Ley, las funciones del Procurador General de la Nación.*

uruguaio, recentemente reformado, entrou em vigor em 2017, e colocou como atribuição da *autoridade administrativa* (art. 220) deter toda pessoa que se encontre em flagrante delito (*detenida sin orden judicial*), sem a necessidade de consultarem previamente a promotoria de justiça (*fiscales*), mas necessitando alertá-la imediatamente após consumada. Por sua vez, assim que toma notícia do flagrante, o Ministério Público deve colocar o detido à disposição do tribunal competente. Para todos os efeitos, encontra-se em flagrante todo aquele pego imediatamente após o cometimento de um crime, imediatamente após seu cometimento ou mesmo quando pego e haja presentes indícios que permitam forte presunção de sua participação no delito (art. 219). Nos casos de ocorrência de detenção por flagrante delito, em razão de o agente encontrar-se privado de sua liberdade, deve ser imediatamente solicitada uma audiência, mesmo que verbalmente, a qual deve ocorrer em até 24 horas da detenção (art. 266.4). Durante essa audiência (art. 266.6), denominada audiência de formalização (*audiencia de formalización*), o juiz deve ouvir as partes e a vítima, caso tenha comparecido, devendo decidir, entre outras coisas, a respeito da legalidade da detenção.

Saltam aos olhos, ao analisar estes dois últimos países de tradição europeia continental, algumas das características indicadas por Damaška como sendo determinantes para o modelo de hierarquia. Entre eles, podemos citar que ambas as normas dos dois países tratam de *autoridades* policiais ou administrativas. Além disso, temos um formato detalhadamente desenhado do processo, chamando a atenção para a decisão do funcionário de instrução panamenho que, no seu relatório final, necessita fundamentar em fatos e no direito a justificativa para a detenção, tal qual se vê no Brasil. As decisões todas passam por revisores, aptos a modificar a determinação da autoridade anterior, traçando as linhas diretoras do que podemos chamar de garantia institucional do direito de apresentação nestes sistemas jurídicos.

Feita essa apresentação, parece-nos importante destacar que, ainda que a maior parte dos países integrantes dos sistemas internacionais de direitos humanos tenha previsto o direito de apresentação internamente, sua forma de garantia é peculiar e particular a seu modelo de autoridade. Dessa maneira, pelo que pode ser observado nos países estudados, não identificamos o uso de *garantias cruzadas*, ou seja, uma estrutura de garantia institucional sendo usada em um país de *common law* ou a previsão de garantia jurídica em algum país de *civil law*. Andrade e Alflen, em sua obra paradigmática para o estudo da audiência de custódia no Brasil, parecem não fazer essa distinção, quando se referem à *audiência de custódia* genericamente como sendo ela própria o compromisso internacional do direito de apresentação, como se a garantia fosse o próprio direito de apresentação.[203] Claro que a expressão *audiência de custódia* pode estar sendo usada num contexto genérico, como quando se refere ao Ministério Público mesmo dirigindo-se a países anglo-saxões para denominar a acusação, mas aproveitamos essa provocação para chamar a atenção a tal conceituação. O direito de apresentação é prescrito quando a norma determina a apresentação do flagrado a autoridade pública responsável por definir sua situação. A garantia desse direito vem em seguida, quando definido que essa apresentação deve ocorrer sem demora e perante autoridade autorizada por lei para tal função, conforme cada realidade nacional, desde que respeitados parâmetros internacionais mínimos.

Uma vez compreendido que, a depender do modelo de autoridade, a garantia do direito de apresentação pode assumir distintas formas no ordenamento jurídico do país, fica mais fácil absorver não só quais foram as opções de cada sociedade para preservar tal direito, mas também a própria forma que os organismos internacionais optaram por prevê-lo. Lembramos que o objetivo dos organismos internacionais não é o de determinar como cada país deve se referir ao direito de apresentação, mas sim quais seriam as expressões minimamente aceitáveis tanto dos direitos quanto das garantias da pessoa flagrada em cometimento de crime. É essa perspectiva universalista mínima que pressupõe a vigilância dos organismos internacionais sobre cada país, buscando saber se existem tais proteções dentro de suas modelagens de poder e sistemas jurídicos próprios.

Assim sendo, tanto o Pacto de São José da Costa Rica quanto a Convenção Europeia de Direitos Humanos prescreveram em suas normas, ao tratarem do direito de apresentação, que toda pessoa que seja presa ou detida em flagrante deve ser levada perante um "juiz ou outro oficial autorizado por lei a exercer funções judiciais". Essa forma de descrição vem para abarcar qualquer modelo de autoridade, seja o

---

[203] Todo contexto da obra leva a esse entendimento, como quando ao tratar do destinatário da apresentação daquele surpreendido durante o flagrante delito se refere à norma da ONU, da CIDH e da CEDH e afirma "[o]s países que inseriram expressamente a *audiência de custódia* em sua legislação interna, invariavelmente, optaram por manter somente o juiz como o destinatário da apresentação da pessoa presa ou detida" [grifo nosso] (ANDRADE; ALFLEN, op. cit., p. 85).

hierárquico com a garantia institucional, seja o de coordenação com a garantia jurídica. Como podemos perceber, nas tradições de *civil law*, esse papel costuma ser definido em uma estrutura muito bem desenhada e recai sobre juízes, sempre havendo possibilidades de revisão da decisão da autoridade administrativa; enquanto nos países de *common law* a responsabilidade por tal recebimento é prevista na norma para ser realizada por quem esteja exercendo aquela função judicial, abertura que dificilmente é aceita ou até mesmo compreendida nos modelos de hierarquia. A seguir, passamos a avaliar a garantia institucional de referência para o Brasil, qual seja, a audiência de custódia.

3.3 Audiência de custódia como garantia institucional do direito de apresentação

Antes de ingressar na questão da audiência de custódia propriamente dita, é importante tratar de mais uma definição institucional a respeito do chamado juiz de garantias. Isso porque o juiz de garantias foi introduzido no ordenamento jurídico brasileiro pela mesma lei que incluiu na nossa legislação a audiência de custódia: a Lei nº 13.964/2019. Se não o fizermos, pode ser que, em algum momento, surja certa confusão entre os institutos, o que potencialmente os faria serem compreendidos como quase sinônimos ou interdependentes entre si. Dessa feita, assim como foi importante distinguir direitos de garantias, ora nos prestaremos a distinguir o juiz de garantia da audiência de custódia.

Uma vez que pontuamos existir a distinção anteriormente descrita, o que seria, então, o juiz de garantias? Na própria Lei nº 13.964/2019, que alterou o CPP, incluindo em seu bojo o art. 3º-B, foi definido que o juiz das garantias é a autoridade "responsável pelo controle da legalidade da investigação criminal e pela salvaguarda dos direitos individuais cuja franquia tenha sido reservada à autorização prévia do Poder Judiciário". Indiscutível que estamos tratando de questão de reserva de jurisdição, logo, de juízes togados, como é característico do nosso modelo de autoridade. Nesse passo, foi previsto no inciso II do mesmo dispositivo que o recebimento do auto da prisão em flagrante para o controle de sua legalidade é de competência deste juiz das garantias. Essa opção de instrumentalizar o direito de apresentação não é incomum nos modelos de hierarquia e está presente em outros ordenamentos jurídicos que seguem tal lógica.

Aproveitamos para reforçar a distinção das opções de modelos de hierarquia que constituem estruturas como juízes de garantia ou de instrução dentro do judiciário, dos modelos de coordenação, que concentram a atividade de instrução e persecução criminal na figura do acusador. Essas variáveis decorrem dos poderes relacionados aos modelos chamados inquisitório ou acusatório. No modelo inquisitório, a investigação é unilateral e se apresenta mais como uma "forma autodefensiva da administração da justiça"[204] do que de processo propriamente dito. Dessa forma, no modelo inquisitório, a investigação policial pode ser dirigida pelo juiz, como era no Brasil império, e, como vimos, de certa forma se mantém no Brasil república por meio da figura do delegado de polícia. As maiores consequências desse tipo de atuação são grandes conhecidas dos juristas brasileiros, sendo elas: os elementos probatórios colhidos na investigação prévia são úteis unicamente para a formação do convencimento do ministério público, ingressando no processo no máximo como elementos de provas (necessitando serem impostas ao crivo do contraditório); a denúncia, formulada por órgão diverso do juiz, é verdadeira condição para a prestação jurisdicional; e o processo se desenvolve por meio do contraditório pleno, perante juiz natural.

Esse modelo não deve ser confundido com o chamado sistema inquisitorial, que integra o modelo acusatório, criando o sistema acusatório-inquisitorial, próprio dos países de tradição europeia continental. O modelo acusatório é aquele entendido como um processo no qual se distinguem as funções de investigar, acusar e defender. Nos sistemas anglo-saxões temos a presença do chamado acusatório-adversarial, no qual o processo é conduzido pela disposição das partes, enquanto no acusatório-inquisitorial o processo se desenvolve pelo impulso oficial, ou seja, segundo o protagonismo do juiz. Portanto, é inconcebível que em um sistema acusatório-adversarial, mesmo antes da fase processual, o juiz atue na investigação, papel exercido exclusivamente pela acusação e polícia. Mesmo impedimento, contudo, não incide sobre o juiz do sistema acusatório-inquisitorial, que atua buscando concretizar a chamada função social do processo, qual seja, a paz social. Enquanto esse antagonismo por um lado aumenta o poder do Juiz-Estado no sistema europeu continental, por outro lado, do sistema anglo-saxão, o poder aumentado é o da polícia e da acusação, que atuam de maneira

---

[204] GRINOVER, Ada Pellegrini. A iniciativa instrutória do juiz no processo penal acusatório. *Revista Brasileira de Ciências Criminais*, v. 27, p. 71-79, 1999.

CAPÍTULO 3
O DIREITO DE APRESENTAÇÃO NO CONTEXTO DO FLAGRANTE DELITO | 103

mais independente. Gómez Colomer critica essa condição ao indicar que a polícia passa a ter um poder enorme na investigação dos atos delituosos, justamente pelo fato de não existir um juiz instrutor no sistema adversarial apto a autorizar atos da investigação que porventura afetem direitos fundamentais.[205]

Não é novidade que os sistemas adversarial e inquisitorial têm se influenciado mutuamente, o que acaba por se refletir em algumas das modelagens e arranjos institucionais dos países que os adotam. Um dos grandes exemplos dessa influência entre os diferentes sistemas é o esforço de harmonização em âmbito internacional entre ambos, identificado pela criação das cortes supranacionais de direitos humanos,[206] algo amplamente explorado no capítulo anterior. Por certo, esses esforços se refletiram nos textos dos tratados de direitos humanos quando se busca uma qualificação da decisão de prisão em flagrante submetida à lógica judicial. Essa ideia de respeito ao procedimento de contraditório do judiciário, ainda que não exercido por juízes, é exatamente o que pudemos perceber que se dá em países de *common law*, como no Canadá, por meio do *justice*, ou dos *magistrate* de Granada e São Cristóvão e Névis. Nesse procedimento é possível notar a distinção entre a atuação dos *justice* e *magistrate* do sistema acusatório-adversarial daquela dos juízes de garantia e instrução do sistema acusatório-inquisitorial. Enquanto o juiz de garantia e/ou de instrução busca controlar a legalidade da detenção executada por outro órgão estatal, decretando a prisão por meio de atuação instrutória (inclusive podendo contrariar o parecer do MP, característica própria do modelo de hierarquia), no modelo de coordenação a autoridade com funções judiciais é quem vai decidir pela manutenção ou não da prisão em flagrante já realizada, conforme formalmente apresentado pela polícia e considerada a manifestação de sua defesa na audiência prévia.

Inescapável a noção de que a atuação do juiz no modelo romano-germânico da Europa continental e países por ele influenciado é absolutamente aproximada da atividade policial, buscando acima de tudo garantir direitos fundamentais. É nesse contexto que se fala dos juízes

---

[205] GÓMEZ COLOMER, Juan-Luis (Org.). *Temas dogmáticos y probatórios de relevancia en el proceso penal del siglo XXI*. Buenos Aires: Rubinzal Culzoni Editores, 2010, p. 87.

[206] 206 ARMENTA DEU, Teresa. *Sistemas procesales penales: la justicia penal en Europa y América*. Madrid: Marcial Pons, 2012, p. 54-56.

de instrução e/ou juízes das garantias. No Ofício nº 4/2020/PGR,[207] que tratou do tema de forma consultiva a respeito do juiz de garantias brasileiro, foi sugerido no item 5 que tais autoridades atuassem ou com exclusividade em inquéritos policiais e processos novos, de forma que fossem evitados questionamentos sobre o juiz natural e a perpetuação da jurisdição para feitos em andamento, ou que fossem implementadas regras de transição, com possibilidade ou não de redistribuição de processos. Ou seja, enquanto investido nas funções de juiz de garantias, o magistrado não exerceria plenamente sua competência.

O mais importante a ser compreendido é que *a audiência de custódia é, em si, a forma institucional de garantia do direito de apresentação*, e não o juiz das garantias. A Lei 13.964/2019 acabou por atrelar ambos, mas não é incomum que os dois institutos estejam previstos independentemente. Para demonstrar isso, é paradigmático o já referido Ofício nº 4/2020/PGR, que foi entregue pela Procuradoria-Geral da República – PGR ao Ministro Corregedor Nacional de Justiça, apresentando considerações e sugestões que visavam à estruturação e aplicabilidade do instituto do juiz de garantias. A novel legislação determina que o juiz de garantias no CPP brasileiro passe a atuar na fase de investigação criminal e procedimentos cautelares até o recebimento da denúncia ou queixa. Em seu corpo, o Ofício traz para reflexão e fins comparativos, os arranjos institucionais dos juízes de garantia do Chile e Argentina, ordenados em uma tabela que relaciona a regulamentação dogmática entre os dois países latino-americanos e os projetos de lei do Brasil que, ao tempo da atividade do Grupo de Trabalho instituído pela Portaria CNJ nº 214/2019, eram o objeto dos seus trabalhos. Não obstante o projeto que inseriu o instituto em nosso ordenamento não ter sido algum dos dois constantes no Ofício, para fins de comparação com os institutos de juízes de garantia chileno e argentino se mostra muito útil.

Segundo o documento, o *Código Procesal Penal* chileno definiu em seu art. 393 bis que o promotor (*fiscal*) pode colocar a pessoa detida em flagrante delito à disposição do juiz de garantias, para comunicá-lo durante a audiência de controle da detenção (*audiencia de control de la detención*) o cumprimento dos requisitos formais do procedimento. Perceba-se que, no dispositivo, existe tanto o instituto da audiência de

---

[207] MINISTÉRIO PÚBLICO FEDERAL. Procuradoria Geral da República. *Ofício nº 4/2020/PGR. Estruturação e implementação do juiz das garantias e do julgamento colegiado de 1º grau.* Brasília, 9 de janeiro de 2020. Disponível em: http://www.mpf.mp.br/pgr/documentos/CNJ_JuizGarantias.pdf. Acesso em: 20 nov. 2021.

controle da detenção quanto o próprio juiz de garantias, assim como desenhado para ser implementado no Brasil (audiência de custódia conjugada com a apresentação ao juiz de garantias).

Já no *Código Procesal Penal Federal* argentino, o art. 56 define como competências do juiz de garantias: A) controle da investigação e de todas as decisões jurisdicionais que devam ser tomadas na fase preparatória; B) conhecer do procedimento abreviado quando os acordos completos são firmados e C) na suspensão condicional do processo. Notemos que sequer consta entre suas competências a revisão do flagrante, como se dá no caso do Chile e agora no Brasil. Todavia, existem, com previsão nos arts. 328 a 333, as audiências iniciais do flagrante (*audiência oral inicial de flagrância*) e de prisão (*audiência de clausura*). A audiência inicial serve para levar ao conhecimento do juízo os fatos que levaram à detenção, bem como dar ciência formal ao acusado da acusação que recai sobre ele, enquanto o controle da legalidade e decretação ou não pela prisão (ainda que recorrível) se dará apenas na audiência de prisão.

Temos, portanto, em ambos os casos, independência entre os institutos do juiz de garantias e da audiência de apresentação. Por independência, queremos dizer que, se por qualquer motivo, o Brasil,[208] Argentina ou Chile decidam extinguir o juiz das garantias, em nada afeta a garantia definida para o direito de apresentação, que se materializa na audiência de custódia no Brasil, na audiência de controle da detenção no Chile e na audiência inicial do flagrante na Argentina. Reforçamos que, ao contrário dos modelos de coordenação, que promovem meramente uma garantia jurídica, os modelos de hierarquia criam toda uma estrutura institucional para garantir o direito de apresentação.

Traçadas essas importantes distinções, podemos finalmente nos concentrar na audiência de custódia brasileira propriamente dita. Como é sabido, antes de ser positivada no CPP, a audiência de custódia havia sido implementada por meio da Resolução 213/2015 – CNJ, respondendo, entre outros, às reiteradas manifestações da OEA a respeito do abuso de prisões provisórias no Brasil.[209] Foi por esse motivo que o CNJ, jun-

---

[208] Encontra-se pendente de julgamento a ADI 6.298, que questiona a respeito da constitucionalidade do juiz das garantias conforme inserido no ordenamento jurídico.

[209] Um exemplo desse tipo de relatório pode ser acessado no documento a seguir: ORGANIZAÇÃO DOS ESTADOS AMERICANOS. COMISSÃO INTERAMERICANA DE DIREITOS HUMANOS. *Informe sobre el uso de la prisión preventiva en las Américas.* OEA/Ser.L/V/II. Doc. 46/13. 30 de dez. 2013. Disponível em: http://www.oas.org/es/cidh/ppl/informes/pdfs/Informe-PP-2013-es.pdf. Acesso em: 20 nov. 2021.

tamente ao Tribunal de Justiça de São Paulo – TJSP, iniciou o projeto piloto das audiências de custódia em fevereiro de 2015. No período, enquanto ainda se estabelecia, a audiência de custódia foi entendida[210] como sendo a apresentação sem demora à autoridade judicial do preso para controle imediato da legalidade e necessidade da prisão, mediante o exercício do contraditório entre a defesa e o Ministério Público. Na oportunidade, devem ainda ser avaliadas as circunstâncias da prisão, o que envolve a possibilidade de ocorrência de maus-tratos, tortura e demais particularidades do preso.

Outras medidas foram previstas na Resolução 213/2015 – CNJ, como por exemplo as centrais de alternativas penais, centrais de monitoramento eletrônico, centrais de serviços e assistência social e câmaras de mediação penal. Ao longo de todo o ano de 2015 e 2016, as audiências de custódia foram implementadas em todos os entes federados, inclusive no âmbito da Justiça Federal. Algumas unidades da federação ainda carecem de expansão e aprimoramento, mas pelo menos todas as capitais e os maiores centros urbanos já contam com núcleos de audiência de custódia – NAC em atividade.[211]

A constitucionalidade da audiência de custódia foi questionada em uma ADIN e uma ADPF, ambas ainda no ano de 2015. A Ação Direta de Inconstitucionalidade nº 5.240, proposta pela Associação dos Delegados de Polícia do Brasil – ADEPOL, alegava em sua fundamentação: (A) que o regramento da audiência de custódia, por ter natureza jurídica de norma processual, dependeria da edição de lei federal; (B) que a Convenção Americana sobre Direitos Humanos não poderia servir de fundamento para a edição do provimento atacado, visto que tratados internacionais sobre direitos humanos ratificados pelo Brasil ingressariam no ordenamento jurídico nacional com *status* supralegal, de modo que não seria possível a sua regulamentação direta através de resolução do CNJ; (C) pugnou pela inconstitucionalidade da norma à luz do princípio da proibição do excesso e da existência de dificuldades operacionais na execução das audiências de custódia, requerendo,

---

[210] PAIVA, Caio. *Audiência de custódia e o processo penal brasileiro*. 1. ed. Florianópolis: Empório do Direito, 2015, p. 31.

[211] CONSELHO NACIONAL DE JUSTIÇA. *Relatório 'A expansão das audiências de custódia no ano de 2017'*. CNJ: Brasília, 2018. Disponível em: https://www.cnj.jus.br/wp-content/uploads/conteudo/arquivo/2018/09/2178b9a11524106a0d04ea673839242a.pdf. Acesso em: 20 nov. 2021.

liminarmente, a suspensão da eficácia do Provimento Conjunto 03/2015 e; (D) no mérito, a declaração da sua inconstitucionalidade integral.

O Tribunal, por maioria e nos termos do voto do Relator, conheceu em parte da ação, julgando que: (A) o direito "convencional" de apresentação do preso ao Juiz tem como consequência em certa medida o procedimento legal de *habeas corpus*, no qual o Juiz deve apreciar a legalidade da prisão, tendo em vista o preso que lhe é apresentado, procedimento regularmente instituído pelo CPP nos arts. 647 e seguintes. No voto foi ressaltado que o *"habeas corpus ad subjiciendum"* consistia, originalmente, na determinação do juiz de apresentação do preso para aferição da legalidade da sua prisão, medida não alterada pelo CPP atual (artigo 656 do CPP); (B) a parte do ato impugnado dirigido às rotinas cartorárias e providências administrativas relacionadas à audiência de custódia não teria o condão de atingir reserva de lei ou norma constitucional. Entendeu a corte que os artigos 5º, inciso II, e 22, inciso I, da Constituição Federal não teriam sido violados, considerando que o próprio CPP, legislação federal em sentido estrito, legitimaria a audiência de apresentação; (C) tanto a CIDH quanto o CPP são entendidos como tendo eficácia geral e *erga omnes*, atingindo a esfera de atuação dos Delegados de Polícia, afastando a alegação de violação da separação de poderes; (D) foi julgado improcedente o pedido do mérito, portanto, constitucional e devida a audiência de custódia.

No julgamento da Arguição de Descumprimento de Preceito Fundamental – ADPF nº 347, o Partido Socialismo e Liberdade – PSOL, entre diversos outros pedidos, alegou que o Judiciário se mantinha omisso em relação aos artigos 9.3 do Pacto dos Direitos Civis e Políticos e 7.5 da Convenção Interamericana de Direitos Humanos, nos quais é previsto o direito à "audiência de custódia". Sustentou, ainda, a sistemática ausência de imposição, sem a devida motivação, de medidas cautelares alternativas à prisão, assim como a definição e execução da pena sem serem consideradas as condições degradantes das penitenciárias brasileiras. No acórdão da arguição, a Suprema Corte determinou que juízes e tribunais iniciassem a realização das audiências de custódia em até 90 dias do julgamento da ADPF (em consonância com o que foi determinado pelo art. 15 da Resolução 213/15-CNJ),[212] com

---

[212] Art. 15. Os Tribunais de Justiça e os Tribunais Regionais Federais terão o prazo de 90 dias, contados a partir da entrada em vigor desta Resolução, para implantar a audiência de custódia no âmbito de suas respectivas jurisdições.

o comparecimento do preso perante a autoridade judiciária no prazo máximo de 24 horas, contadas do momento da prisão.

Como não se sucederam quaisquer revogações das prescrições constantes na Resolução 213/15-CNJ, e considerando não haver até o momento regulamentação legislativa sobre o tema, avaliaremos seu conteúdo para compreender a modelagem intencionada pela normativa. Consta em seu bojo que toda pessoa presa em flagrante delito, independentemente da motivação ou natureza do ato, deve ser obrigatoriamente apresentada em até 24 horas da comunicação do flagrante à autoridade judicial competente,[213] que ora passa a ser o juiz de garantias, para ser ouvida sobre as circunstâncias em que se deu a prisão. No ato, o juiz decidirá sobre o relaxamento da prisão ou sobre a conversão do flagrante em preventiva. O juiz também deve avaliar se a prisão preventiva pode ser substituída por liberdade provisória até o julgamento definitivo do processo, adotando, se for o caso, medidas cautelares, como o monitoramento eletrônico. Pode ser determinada, inclusive, a realização de exame de corpo de delito para apurar ocorrência de tortura ou abuso policial durante a execução da prisão. Antes da apresentação da pessoa presa ao juiz, será assegurado seu atendimento prévio e reservado com advogado por ela constituído ou defensor público, sem a presença de agentes policiais, sendo esclarecidos por funcionário credenciado os motivos, fundamentos e ritos que versam a audiência de custódia. Deverá ainda ser precedida da audiência com o juiz o cadastro do detido no Sistema de Audiência de Custódia – SISTAC.

Após estes procedimentos será iniciada a audiência de custódia, que deve ser realizada na presença do Ministério Público e da defesa do réu, seja por advogado constituído ou pela Defensoria Pública. Durante a audiência de custódia, a autoridade judicial deve entrevistar a pessoa presa em flagrante, devendo em suma: esclarecer o que é a audiência de custódia, ressaltando as questões a serem analisadas pela autoridade judicial; dar ciência a respeito do direito de permanecer em silêncio; questionar se lhe foi dada ciência e efetiva oportunidade de exercício dos direitos constitucionais inerentes à sua condição; indagar sobre as circunstâncias de sua prisão ou apreensão; perguntar sobre o tratamento recebido, questionando sobre a ocorrência de tortura e

---

[213] Assevera o art. 1º, §2º: Entende-se por autoridade judicial competente aquela assim disposta pelas leis de organização judiciária locais, ou, salvo omissão, definida por ato normativo do Tribunal de Justiça ou Tribunal Federal local que instituir as audiências de apresentação, incluído o juiz plantonista.

maus-tratos e adotando as providências cabíveis; e verificar se houve a realização de exame de corpo de delito. Por fim, o magistrado deve abster-se de formular perguntas com a finalidade de produzir provas para a investigação ou ação penal relativas aos fatos objeto do auto de prisão em flagrante. A Resolução nº 221, de 11 de novembro de 2020, do Conselho Nacional do Ministério Público foi redigida reforçando a atribuição do MP durante a audiência de custódia, confirmando em definitivo a Resolução 213/15 do CNJ. Após a oitiva da pessoa presa em flagrante delito, o juiz deferirá ao Ministério Público e à defesa técnica perguntas compatíveis com a natureza do ato, devendo indeferir quaisquer perguntas relativas ao mérito dos fatos que possam constituir eventual imputação. Ao final, é permitido às partes requerer: o relaxamento da prisão em flagrante; a concessão da liberdade provisória com ou sem aplicação de medida cautelar diversa da prisão;[214] a decretação de prisão preventiva; ou a adoção de outras medidas necessárias à preservação de direitos da pessoa presa.

3.4 Audiência de custódia no Brasil e seu diálogo com nossas obrigações internacionais

Percebemos que a audiência de custódia pretende, primordialmente, o controle de legalidade da prisão em flagrante, aliado ao levantamento de possíveis abusos de autoridade por parte da polícia. Merece destaque a Resolução 211/20-CNMP, que expressa em seus considerandos o compromisso do Brasil com o Protocolo de Istambul para o combate à tortura e outras penas ou tratamentos cruéis, desumanos ou degradantes.[215] A autoridade judicial competente pela análise (que doravante passa a ser o juiz das garantias) se mantém tão longe quanto possível do mérito, a fim de que evite contaminar seu juízo de valor

---

[214] A aplicação de medidas cautelares diversas da prisão previstas no art. 319 do CPP deverá compreender a avaliação da real adequação e necessidade das medidas, com estipulação de prazos para seu cumprimento e para a reavaliação de sua manutenção.

[215] A violência policial no ato da prisão, consubstanciada, em regra, na tortura e/ou maus-tratos, se apresenta como exceção. Isso pode ser observado pelos dados disponíveis no *site* do CNJ, que apontam para a alegação de abuso em 5,66% dos casos de prisão em flagrante delito a nacionalmente. O índice, por certo, pode ser afetado tanto pela possibilidade de cifra oculta quanto por falsas acusações (CONSELHO NACIONAL DE JUSTIÇA. *Estatísticas sobre Audiências de custódia nacional.* CNJ. Disponível em: https://paineisanalytics.cnj.jus.br/single/?appid=be50c488-e480-40ef-af6a-46a7a89074bd&sheet=ed897a66-bae0-4183-bf52-571e7de97ac1&lang=pt-BR&opt=currsel. Acesso em: 20 nov. 2021).

com fatos que devem ser avaliados em momento oportuno por outro juiz de direito, que será responsável pela jurisdição da causa. Ocorre que, para conformar essa nova perspectiva trazida inicialmente pela Resolução 213/15-CNJ e finalmente positivada pela Lei nº 13.964/2019, foi desenhada, ainda na Resolução do CNJ, uma integração entre a forma como tradicionalmente lidamos com a prisão em flagrante com o novo instituto que era então desenhado. Sobre essa inconsistência, tratamos no item 1.2 desta obra, de forma que neste momento tentaremos entender 1) se os arranjos institucionais descritos são coerentes com nosso modelo de autoridade; 2) se estão em harmonia com o que se espera pelos órgãos internacionais e pelos compromissos firmados pelo Estado brasileiro e; 3) se o objetivo da audiência de custódia, como atualmente implementado, está sendo de fato atingido.

Para a correta aferição do primeiro objetivo, de coerência normativa e eventual implementação às políticas públicas, é necessário compreender a dinâmica dos atos exigidos pela lei. Com vênia do leitor, apresentaremos a íntegra de alguns dispositivos em vigor do CPP por entendermos necessário para prosseguir com o raciocínio proposto:

> Art. 304. Apresentado o preso à autoridade competente, ouvirá esta o condutor e colherá, desde logo, sua assinatura, entregando a este cópia do termo e recibo de entrega do preso. Em seguida, procederá à oitiva das testemunhas que o acompanharem e ao interrogatório do acusado sobre a imputação que lhe é feita, colhendo, após cada oitiva suas respectivas assinaturas, lavrando, a autoridade, afinal, o auto.
>
> §1º Resultando das respostas fundada a suspeita contra o conduzido, a autoridade mandará recolhê-lo à prisão, exceto no caso de livrar-se solto ou de prestar fiança, e prosseguirá nos atos do inquérito ou processo, se para isso for competente; se não o for, enviará os autos à autoridade que o seja.
>
> §2º A falta de testemunhas da infração não impedirá o auto de prisão em flagrante; mas, nesse caso, com o condutor, deverão assiná-lo pelo menos duas pessoas que hajam testemunhado a apresentação do preso à autoridade.
>
> §3º Quando o acusado se recusar a assinar, não souber ou não puder fazê-lo, o auto de prisão em flagrante será assinado por duas testemunhas, que tenham ouvido sua leitura na presença deste.
>
> §4º Da lavratura do auto de prisão em flagrante deverá constar a informação sobre a existência de filhos, respectivas idades e se possuem alguma deficiência e o nome e o contato de eventual responsável pelos cuidados dos filhos, indicado pela pessoa presa.
>
> [...]

Art. 306. A prisão de qualquer pessoa e o local onde se encontre serão comunicados imediatamente ao juiz competente, ao Ministério Público e à família do preso ou à pessoa por ele indicada.

§1º Em até 24 (vinte e quatro) horas após a realização da prisão, será encaminhado ao juiz competente o auto de prisão em flagrante e, caso o autuado não informe o nome de seu advogado, cópia integral para a Defensoria Pública.

§2º No mesmo prazo, será entregue ao preso, mediante recibo, a nota de culpa, assinada pela autoridade, com o motivo da prisão, o nome do condutor e os das testemunhas.

Fizemos questão de colacionar *ipsis litteris* os dispositivos que descrevem o procedimento flagrancial que objetiva a confecção do APF para que seja relido após tudo o que já foi exposto até aqui, na expectativa de que, sob essa ótica, finalmente percebamos a estranheza dos atos descritos. A primeira observação que salta aos olhos é a noção de que praticamente todos os atos que devem ser realizados pela autoridade prevista no art. 304, CPP também necessitam ser realizados durante a audiência de custódia.

A oitiva do condutor é determinada pelo *caput* do art. 304 do CPP, bem como pelo *caput* do art. 8º da Resolução 213. O §1º do art. 304, do CPP, prossegue prevendo que caso as respostas fundamentem suspeitas contra o conduzido, a autoridade deverá recolhê-lo, lavrar APF (exceto no caso de prestação de fiança) e instaurar inquérito caso competente. Igualmente, conforme dita o art. 8º, V da Resolução 213, o juiz deve indagar sobre as circunstâncias da prisão ou apreensão do indivíduo, podendo decidir pela prisão preventiva ou não após manifestação do Ministério Público e defesa técnica. Por fim, o §4º do art. 304 assevera que o auto de prisão em flagrante deverá constar a informação sobre a existência de filhos, seus dados e da existência de pessoa responsável por eles. No mesmo sentido, o X do art. 8º da Resolução, ao exigir averiguação, por perguntas e visualmente sobre hipótese de gravidez, existência de filhos ou dependentes sob cuidados da pessoa presa em flagrante delito cumpre o mesmo critério. Não bastando isso, a audiência de custódia abrange outros aspectos como cumprimento da Convenção Contra a Tortura e Outros Tratamentos ou Penas Cruéis, Desumanos ou Degradantes, inserida em nosso ordenamento pelo Decreto 40/1991.

Em conformidade com nosso sistema acusatório-inquisitorial, temos muito bem distintas a formalização do flagrante como função do juiz de prestar jurisdição da do promotor, responsável pela defesa da ordem jurídica e interesses indisponíveis da sociedade, atuando como fiscal da lei e denunciador dos crimes perpetrados contra indivíduos ou a sociedade. Também é cristalina a importância da atuação da defesa técnica, que buscará com todos os seus esforços os interesses do acusado e a garantia de um julgamento justo em paridade de armas. Mas temos clara a função da autoridade policial durante o flagrante?

Como já explanado, a polícia realiza um procedimento que, após ser concluído, necessita ser imediatamente refeito pela autoridade judicial. Mas, mais que isso, a que se presta a oitiva do acusado e das testemunhas no bojo do procedimento do APF? Neste ponto, mais uma vez, chocamo-nos frontalmente com o que era realizado no nosso passado histórico em contraposição ao que deveria ser atualmente. Para todos os efeitos, a autoridade policial do século XXI ainda interroga o acusado instruindo seu procedimento administrativo no mesmo sentido utilizado pela autoridade policial do século XIX, que buscava julgar o detido em flagrante e definir se deveria ser preso. A própria legislação processual penal de 1941 orienta nesse sentido em seu art. 6º, inciso V, ao remeter a autoridade policial ao mesmo procedimento adotado pela autoridade judiciária (art. 185 e seguintes, CPP), quando deveríamos estar considerando o momento como produção de elementos informativos voltados para a investigação. Mais uma vez, a função policial se apresenta travestida das judiciárias em razão de verdadeira crise de identidade herdada de outrora. O interrogatório do acusado em fase judicial tem o caráter de oportunizar conceder sua versão dos fatos sobre os quais lhe estão sendo imputados enquanto meio de prova. A oitiva em fase investigativa deve ser entendida como elemento de informação a ser integrada à investigação e ao procedimento que será entregue ao MP na formação de seu *opinio delicti*. Considerando que o juiz, conforme o determinado pelo direito de apresentação, deve ouvir o acusado imediatamente após sua detenção, e que aí sim se trata de interrogatório por excelência, haveria ainda coerência na manutenção de interrogatório policial quando do flagrante? Entendemos ser perfeitamente razoável sua integral substituição pelo interrogatório judicial durante a audiência de custódia.[216]

---

[216] A mera oitiva pelo juiz da manifestação das testemunhas a respeito dos fatos que levaram à detenção em flagrante, e do custodiado sobre esses mesmos fatos não podem se confundir com o exercício de juizado de instrução, que, como dito, é responsável pela produção de provas e condução da investigação. A audiência de custódia não perde sua missão, que é a de análise da legalidade do flagrante e sua não arbitrariedade.

Como constatado, o procedimento realizado em audiência de custódia é ainda mais completo do que aquele realizado em sede policial, não apenas abarcando este, mas ainda extrapolando os atos previstos. Em especial, por termos a presença do Ministério Público como fiscal da lei e a defesa técnica atuante, em respeito ao contraditório – formato inexistente atualmente no procedimento do auto de prisão em flagrante. Testemunhas, conquanto úteis para a compreensão dos fatos, em especial na questão de mérito quando chegar esse momento processual, podem ser intimadas para oitiva acerca dos fatos do flagrante caso se entenda necessário e/ou arroladas para futuro comparecimento durante a ação penal.

Resgatamos a modelagem de flagrante apresentada no subcapítulo 1.2, que desenha o procedimento flagrancial no Brasil como um ato administrativo complexo fundado na autoexecutoriedade da administração pública. Uma consideração, porém, é importante a respeito dessa proposta de leitura: ela se aplica necessariamente para os arranjos institucionais como atualmente empregados, e não o que poderia ser idealmente realizado. Se olharmos pelo prisma ora abordado, perceberemos que, ao fim e ao cabo, mesmo com essa adequação de natureza jurídica, o procedimento de flagrante delito continua demasiado burocrático e em grande medida ineficiente em razão da quantidade de atores públicos que precisam ser mobilizados. Sendo esse o caso, qual seria o impedimento para que o próprio magistrado, provavelmente o juiz das garantias, procedesse diretamente com a avaliação da legalidade da detenção? Isso nos leva à segunda pergunta, que surge de forma natural quando da releitura do procedimento de flagrante delito: não seria, afinal, a autoridade competente para ser apresentado diretamente o detido em flagrante, considerando a norma internacional e nosso modelo de autoridade, o juiz e não o delegado de polícia?

Se observarmos com cautela, todos os países de tradição continental cotejados alhures falam de *detenção* nos casos de flagrante, não de prisão. Isso se amolda perfeitamente no modelo de hierarquia apresentado por Damaška, que entende que o poder se estabelece de forma concentrada em funções específicas que precisam de competências determinadas e definidas expressamente em lei para seu exercício.[217] Faz também sentido com o sistema acusatório-inquisitorial que o juiz seja responsável pela decretação de prisão em audiência especificamente

---

[217] DAMAŠKA, op. cit., p. 484.

criada para este fim, ouvidos o MP e a defesa, buscando a consecução da paz social. No caso do Brasil, país de tradição continental, durante o início do período imperial, tínhamos um modelo hierárquico *puro* de processo inquisitório até a implementação da Lei nº 2.033/1871, quando praticamente restou extinta a jurisdição das autoridades policiais, mantida, porém, a atribuição de determinar a prisão flagrancial.[218] Essa opção legal criada durante o segundo império desajustou o formato que antes tinha a modelagem da autoridade de polícia judiciária, integrante do poder judiciário, como responsável por decretar as prisões em flagrante encaminhadas pelos inspetores de quarteirão, comissários etc.

Ressaltamos que definir os arranjos institucionais do flagrante delito é, indiscutivelmente, uma liberalidade do Estado exercida regularmente pelo poder legiferante, ainda que rompendo com a lógica da sua tradição. Ou seja, levado ao extremo, o Brasil *não é obrigado* a atender a qualquer lógica institucional, podendo criar sua própria modelagem à revelia do que possa ser entendido como coerente para seu sistema ou tradição jurídica. Mas, ao romper com a lógica de seu desenho institucional, além de nossa justiça criminal e normatividade perderem a coesão, invariavelmente estaremos diante de arranjos que conduzem a um sério anacronismo de atos que tentam conformar distintas dimensões do instituto, o que conduz a um procedimento naturalmente mais longo que desperdiça recursos e prejudica, em última instância, o jurisdicionado. Ponto de importante destaque é que, como visto no item 2.1, a expressão "sem demora" resta atendida desde que o detido em flagrante seja apresentado dentro do prazo razoavelmente compreendido entre 24 h e 48 h da sua prisão ou detenção. Tecnicamente isso quer dizer que, antes de ser conduzido para a autoridade judicial, o detido ou preso poderia ser conduzido para qualquer outra autoridade administrativa e passar por quaisquer necessidades burocráticas desde que dentro desse prazo. Tanto é que, em princípio, não se tem notícias a respeito de questionamentos sobre a lavratura do APF brasileiro em alguma corte internacional. Mas a ausência desse questionamento significa apenas que não cabe a cortes internacionais se imiscuírem nesse tipo de procedimento específico desde que os parâmetros mínimos sejam atendidos. Como já afirmado anteriormente, nosso propósito não é uma análise meramente formal, mas buscar por um arranjo institucional

---

[218] Vide item 1.1.

que aprimore a sinergia institucional e adapte nossa política criminal ao texto convencional de proteção aos direitos humanos.

E falando em política criminal, pelo menos no que tange ao procedimento de flagrante delito brasileiro, acreditamos ter sido possível demonstrar até o presente momento os indicativos de que estamos fora de uma institucionalidade adequada. Isso pode ser comprovado pelas teses doutrinárias inconsistentes a respeito da natureza jurídica do flagrante delito; nos desarranjos institucionais que obrigam a Polícia Militar a se deslocar por horas nos rincões do país para poder encontrar alguma Delegacia de Polícia que possa lavrar o flagrante que eles mesmos já identificaram; na inconsistência de que qualquer do povo pode *prender* em flagrante delito, quando esse poder é reservado apenas à autoridade judiciária em nosso modelo de autoridade; no próprio APF, que ainda possui um cariz judicial do modelo inquisitório, completamente inconsistente com a natureza administrativa da Polícia; e na ideia de que o delegado de polícia ainda exerce alguma função judicial.

Nesse sentido, têm surgido teses que defendem justamente essa aptidão do delegado de polícia de atuar como autoridade autorizada ao exercício de funções judiciais,[219] questão que merece reflexão. Uma hipótese dessa tese se baseia na divisão entre reserva absoluta e reserva relativa da jurisdição. Nesse passo, a reserva absoluta da jurisdição se concentra sobre a atuação do Estado-juiz e se concretiza nas decisões de natureza invasiva na esfera subjetiva dos indivíduos. Já a reserva relativa de jurisdição seria aquela realizada por outra autoridade pública e passível de revisão judicial. Nesta última, restaria identificada a atuação do Estado-investigação, detentor da primeira palavra sobre garantias constitucionalmente definidas e que podem afastar a reserva da intimidade ao requisitar informações privadas de investigados ou mesmo decidir a respeito de prisão em flagrante.

Ocorre que, contrariamente a essa defesa, parece-nos que a atuação da polícia no caso do flagrante em nada se confunde com exercício jurisdicional em reserva de jurisdição relativa, tratando-se, como já apresentado, de mero ato autoexecutivo, típico da atividade administrativa. É justamente esse o entendimento da natureza das demais forças policiais em outros sistemas de *civil law*, como já pudemos apresentar.

---

[219] BARBOSA, Ruchester Marreiros. A Função Judicial do Delegado de Polícia na Decisão Cautelar do Flagrante Delito, *Revista de Direito de Polícia Judiciária*, ANO 1, n. 2, p. 157-195, 2017.

Como apresentado no capítulo 2, pela perspectiva dos organismos internacionais a revisão que o judiciário faz da atuação policial no âmbito da prisão em flagrante não é de revisão da primeira palavra dada pelo Estado-investigação em razão de exercício de jurisdição relativa, mas sim parte essencial do direito de apresentação, consubstanciado na necessidade de submeter o procedimento de detenção ou prisão do sujeito a um procedimento de natureza judicial, incluindo o posicionamento da acusação e o direito do flagrado de se defender em paridade de armas perante o judiciário.

Para a rejeição definitiva da hipótese de recebimento do preso pelo delegado como forma de atender às exigências dos tratados internacionais, enquanto autoridade autorizada a exercer funções judiciais, repassaremos os critérios definidos pelas cortes de direitos humanos. Já temos como estabelecido que, para ser reconhecida como autoridade autorizada por lei a exercer funções judiciais, deve tal autoridade possuir: A) independência funcional do Poder Executivo, não podendo a autoridade decisora indiciar ou denunciar o acusado; B) autorização legal para a decretação fundamentada de prisão ou soltura do acusado; C) aptidão para declarar a detenção como ato ilegal e D) acesso do acusado a um procedimento de natureza judicial com direito a contraditório.

Passando ponto a ponto, sobre o item A), além de não ter tido protegidas por força de lei sua isenção e imparcialidade, como pretendia dispositivo vetado da Lei nº 12.830/13,[220] o delegado de polícia tem como atribuição instaurar inquérito sobre o fato, podendo finalmente indiciar o averiguado, o que foi expressamente definido como impeditivo. A respeito do ponto B), como já tratado anteriormente, a Lei nº 12.403/11 descaracterizou a prisão em flagrante como espécie de prisão propriamente dita no ordenamento nacional. Com isso, o delegado perdeu o poder de formalmente decretar a prisão, ficando o agente, na verdade, retido para apreciação do judiciário. Contudo, a autoridade policial manteve poder para avaliar juridicamente sobre a legalidade do flagrante, conforme entendido necessário pelo item C), atuando como aquele que conclui o ato complexo da prisão. Mas essa

---

[220] Mauro Fonseca Andrade e Pablo Alflen lembram que a CIDH não reconheceu o Ministério Público chileno como autorizado a receber o detido em flagrante na audiência de controle da detenção justamente por não entenderem que os fiscais possuem garantida em lei a criteriosa independência pretendida pela Convenção Americana de Direitos Humanos (ANDRADE; ALFLEN, op. cit., p. 90-91).

definição da legalidade pelo delegado não está sujeita ao contraditório, como condição do item D), não possuindo, assim, natureza judicial.

Quando analisamos o histórico já apresentado no primeiro capítulo, destacamos a lenta evolução do sistema judiciário nacional e a distinção positivada entre as funções judiciárias daquelas de polícia, chegamos a duas conclusões. Primeiro que, como amplamente estudado no segundo capítulo, a autoridade apta a realizar funções judiciais deve possuir certas garantias e atributos, tanto pela jurisprudência europeia quanto pela americana. Segundo, que o Brasil estava mais próximo de respeitar o Pacto de São José na época do império do que atualmente.

A alternativa que vislumbramos para sanar essa questão, tornando possível eventual atuação do delegado de polícia nessa função judicial, seria por meio de reforma legislativa que modificasse as atribuições do delegado. Necessitariam conceder autorização legal expressa para que decretassem a prisão em flagrante, que deveria voltar a ser modalidade de prisão, permitir o exercício do contraditório na oportunidade e retirar do delegado o poder/dever de que instaurasse inquérito sobre a questão, impossibilitando o indiciamento, atribuição que deveria ser redirecionada para outros delegados. Tornar-se-ia uma espécie de *delegado de garantias*, praticamente uma reconstrução do antigo juiz de paz brasileiro. Contudo, parece-nos que devolver à autoridade policial exercício de função judiciária, mesmo que excepcionalmente para definição de prisão em flagrante, ou inserindo sua atuação como hipótese de exercício de jurisdição relativa, não pode ser entendido diferentemente de verdadeira regressão na evolução de nossas instituições. Voltaríamos a misturar as figuras do policial com o juiz, paradigma superado entre o final do Império e início da República, e lapidado ao longo dos séculos seguintes.

Por todo o exposto, entendemos que, ainda que a audiência de custódia tenha vindo para instrumentalizar o direito de apresentação no procedimento de flagrante delito, melhorando sobremaneira o procedimento de flagrante delito no Brasil, seus arranjos institucionais não se encontram dentro da normalidade do nosso modelo de autoridade. E isso causa um descompasso no nosso sistema de justiça criminal, representado pela *ratio legis* que pretende um fim, a práxis institucional que realiza outro e a expectativa do nosso modelo, que prevê um formato muito diferente do empregado. A instituição da audiência de custódia foi essencial para conformar o compromisso brasileiro com os direitos humanos que se propôs preservar, mas ainda se apresenta *insuficiente* para sua proteção efetiva, pendentes ainda ajustes no campo procedimental. Adequar o procedimento de flagrante delito para o que prevê nosso modelo de autoridade representaria uma enorme possibilidade de evolução desse instituto, o que aprimoraria também nossa política criminal com reflexos positivos em toda a justiça criminal.

CONCLUSÃO E PERSPECTIVAS

Sob a luz das reflexões apresentadas ao longo deste livro, entendemos possível compreender de maneira conclusiva a respeito da institucionalidade do flagrante delito no Brasil, seu desenvolvimento histórico-normativo, atores envolvidos, procedimentalização, formalização de ações e controle sobre a ação policial. Em suma, considerando todas essas variáveis, é possível afirmar que o papel do procedimento do flagrante delito na justiça criminal está sendo cumprido? Os enunciados convencionais sobre o direito de apresentação lidos no contexto da inafastável jurisdicionalidade da prisão processual no Brasil reclamam uma revisitação do procedimento da prisão flagrancial? De maneira estruturada, seguiremos com uma síntese cronológica do que foi desenvolvido.

Graças à exploração apresentada sobre o surgimento e desenvolvimento do flagrante delito no país, foi possível compreender que os poderes conferidos às autoridades policiais eram verdadeiros desdobramentos de um poder a eles *delegado* por autoridades judiciais. Essas autoridades integravam o poder judiciário e tinham competência jurisdicional para julgar alguém detido em flagrante delito, lavrando seu auto de prisão e remetendo em seguida o processo aos ministros criminais, que julgariam o mérito da causa. Durante boa parte do Brasil do primeiro e segundo império, essa competência de julgar o flagrante era compartilhada principalmente entre juízes de paz, chefes de polícia, delegados e subdelegados. Tal competência só veio a sofrer intervenção após a reforma judiciária que pretendeu separar os poderes do Estado, distinguindo as funções de investigar e julgar.

Todavia, mesmo após essa reforma, a autoridade policial manteve poder para exercer uma jurisdição excepcional que atravessou séculos, superando todos os momentos de revisão da institucionalidade nacional. Esse arranjo é muito emblemático de um período em que as liberdades individuais não necessariamente eram objeto de proteção pelo Estado. Por tal motivo, a prisão em flagrante era decretada como regra no âmbito do julgamento do flagrante delito e a liberdade apenas veio a surgir como alternativa a essa condição no século seguinte, no formato de contracautela processual da chamada liberdade provisória. Essa lógica de prisão como regra no procedimento de flagrante só deixou de existir a partir da Lei nº 12.403/11, tornando-se a lavratura do APF verdadeira etapa de um procedimento de revisão judicial de ato administrativo executado pelo Poder Executivo. Estamos tão atrasados nesse debate que diversos autores ainda buscam explicar a natureza jurídica da *prisão em flagrante delito* utilizando o contexto de poderes atinentes à autoridade policial do império. A dedução lógica do CPP/41 sob o prisma da CF/88 se adapta de forma mais consistente no âmbito do direito administrativo, como ato complexo, e mesmo essa proposta já se apresentava em grande medida deprecada pelo direito de apresentação, norma internacionalmente assumida pelo Estado brasileiro desde 1992.

Em seguida, mergulhamos na sofisticada teia de proteção aos direitos humanos concretizada pelo compromisso de preservação do direito de apresentação e seu impacto na norma doméstica após a assinatura pelo Estado brasileiro do Pacto de São José da Costa Rica, responsável pela criação da Convenção Interamericana de Direitos Humanos. Entre os protagonistas na proteção aos direitos humanos, identificamos a CIDH e a CEDH, que contribuem mutuamente por meio dos diálogos das cortes. Essa jurisprudência compartilhada em conjunto com os pactos de referência que servem de meio para sua instrumentalização permite um desenvolvimento conceitual bastante coeso, mesmo considerando as particularidades de cada nação soberana. Os próprios dispositivos, tanto do tratado europeu quanto do americano, possuem uma redação extremamente assemelhada, que visa, sobretudo, à proteção do direito de apresentação daquele flagrado durante o cometimento de um crime.

Há uma ostensiva preocupação desses organismos internacionais de proteção aos direitos humanos com a correta definição dos institutos a que pode ser submetido o indivíduo sujeito aos desígnios estatais. Nesse sentido, a grafia em português da palavra prisão pode causar uma infeliz ambiguidade em relação às expressões *arrest, detention* e *imprision*. Devido ao nosso passado, que fundiu (e de certa forma sustentou durante o passar dos anos) a competência criminal com a atribuição administrativa de policiamento, temos a polícia judiciária brasileira lavrando auto de prisão em flagrante, quando países de mesma tradição jurídica executam apenas a detenção, havendo somente definição de prisão pela autoridade judiciária.

Não obstante, conceitos essenciais da literatura internacional, como prisão, prisão ilegal, prisão arbitrária e detenção puderam ser desenvolvidos e aprofundados. Da mesma maneira, apresentamos a importância do encaminhamento sem demora de toda pessoa detida, retida ou presa para a autoridade judicial ou àquela autorizada por lei a exercer tais funções. Significamos então a detenção como toda condição na qual um indivíduo se encontra privado de sua liberdade de ir e vir pelo Estado, e prisão (no sentido provisório processual, não decorrente de pena) como sendo uma formalização do Estado de que aquela pessoa responderá por um ato criminoso a ela imputado. Portanto, toda pessoa que venha a ser detida ou presa tem o direito de ser encaminhada o quanto antes para o responsável que se manifestará formalmente em nome do Estado quanto à sua condição. Em essência, neste momento estamos diante do direito de apresentação, que será garantido pela forma prevista em cada legislação, conforme o modelo de autoridade de cada país. Por sua vez, para ser entendida como autoridade apta a garantir a preservação do direito de apresentação, é necessário que tal autoridade seja independente, possua poder legal para determinar a prisão ou soltura, possa determinar se a prisão ou detenção se deu de maneira legal e, finalmente, sujeite o acusado a um procedimento de natureza judicial, marcadamente com acesso ao contraditório. Entendemos ter sido demonstrado que há pouco espaço para que o Brasil se recuse a implementar e respeitar tanto a norma internacional por ele internalizada através dos tratados e convenções assinados quanto as orientações jurisprudenciais da CIDH. Qualquer recusa nesse sentido requereria que o Brasil denunciasse alguns desses acordos internacionais, abandonando por consequência diversas vantagens diplomáticas que acompanham esses compromissos.

Toda a riqueza da tradição internacional de direitos humanos, conjugada com a apuração da tradição brasileira e nossa institucionalidade, abriu caminho para que finalmente pudéssemos nos debruçar sobre as questões dos modelos de autoridade, bem como os inegáveis reflexos dele decorrentes do direito de apresentação e na sua respectiva forma de garantia. Foi possível confirmar a sólida tendência de que os países de modelo hierárquico garantem o direito de apresentação por meio de garantias institucionais, enquanto os países de modelo de coordenação o fazem por meio de garantias jurídicas. Percebemos durante a investigação que os países de modelo de autoridade hierárquica são aqueles de tradição romano-germânica, da Europa continental, e baseada no sistema de *civil law*, enquanto os países de tradição anglo-saxã ou anglo-americana se baseiam no sistema de *common law*. Essa perspectiva dialogou em perfeita harmonia com os exemplos enumerados na presente dissertação, tendo sido possível verificar que os países que adotam o sistema de *civil law* e estruturaram seu sistema judicial no sistema acusatório-inquisitorial fundaram sua garantia institucional do direito de apresentação em um arranjo que prevê a detenção do flagrado pela polícia com subsequente presença do agente perante um juiz, hierarquicamente entendido como aquele responsável por determinar se é cabível a prisão. Do outro lado, países de tradição sustentada no sistema de *common law* e que construíram sua modelagem institucional segundo o sistema acusatório-adversarial garantem o direito de apresentação conforme regra jurídica, o que autoriza que qualquer policial prenda em flagrante uma pessoa e depois a encaminhe para que o juiz ou outra autoridade autorizada por lei determine sobre a procedência daquela prisão.

Quando falamos de Brasil, percebemos que durante o período imperial nosso país se encontrava em compasso com os demais países de mesma tradição europeia continental, quando o detido em flagrante era encaminhado para a autoridade policial (então podendo ser o juiz de paz, chefe de polícia, delegado ou subdelegado), integrante do poder judiciário e dotada de competência jurisdicional com poderes para determinar se o flagrado deveria ser ou não preso em flagrante delito. A mudança submetida no nosso ordenamento jurídico foi incompleta, e acabou por criar um sistema inconsistente seja com o modelo de autoridade de hierarquia, seja com o de coordenação, uma vez que a pessoa presa em flagrante é encaminhada para uma autoridade despida de competência jurisdicional, mas que a convolava em prisão por meio de um procedimento administrativo que necessitava ser reavaliado apenas formalmente por um juiz em seguida.

Esse modelo anacrônico passou a ser questionado internacionalmente por anos, sem que sequer compreendêssemos internamente a dimensão da incoerência jurídica que havíamos criado, até o advento da Audiência de Custódia. Quase sem querer, sua inserção abriu uma brecha para que questionamentos mais profundos, como a pesquisa que aqui se desenvolveu, pudessem ser realizados na tentativa de não apenas compreender corretamente o instituto, mas também garantir uma real proteção ao direito de apresentação. Coincidentemente ou não, a mesma lei que positivou em nosso ordenamento a audiência de custódia criou a figura do juiz das garantias, o que aparentemente busca ocupar o vácuo na nossa modelagem institucional deixado pela transposição da autoridade policial para o Poder Executivo. É como uma tentativa inconsciente de colocar nos trilhos nosso procedimento do flagrante delito, que se encontra descarrilhado há séculos.

Mas um último instrumento precisa ser superado para que esse encarrilhamento se conclua. É necessário que todo o procedimento do APF seja superado, pois um dos maiores sintomas desse acidente jurídico, responsável por formalizar uma série de atos anacrônicos e despropositados que prejudica não apenas o direito de apresentação, mas o próprio sistema de justiça criminal brasileiro. É nesse sentido que entra novamente em cena a provocação de Fernandes, apresentada na introdução, sobre os problemas decorrentes de sistemas fechados em termos dogmáticos, que podem produzir abstrações exageradas e desconectadas da realidade. Estamos diante da necessidade de superar o modelo arcaico empregado, substituindo-o por um sistema aberto com aptidão de trazer soluções concretas com absoluto respeito à ordem jurídica, fundado em princípios de dogmática, mas mantendo a mobilidade necessária. Dessa maneira, torna-se possível direcionar o sistema penal no sentido de conceder-lhe uma instrumentalização, na medida em que passa a ser concretizado teleologicamente ao atingir a estrutura tridimensional do direito: a dogmática jurídico-penal se ocupa do Direito Penal como norma, a criminologia como fato e a política criminal como valor.

Nesse sentido, entendemos ser possível a superação do nosso atual modelo de lavratura de flagrante delito por meio do APF sem prejuízos normativos ou de garantias do detido pelo procedimento da audiência de custódia. Dessa forma, a política criminal transcende às demais ciências criminais e estabelece uma relação de unidade funcional em sua órbita. Os subsistemas que operam no interior do Direito Penal Total de Fernandes são elevados à mesma categoria de importância, assumindo uma ordem de interpretação mútua, o que confere autonomia e autopoiese ao próprio complexo de sistemas que interagem entre si.

Assim, o Processo Penal consegue abandonar a posição de mera funcionalização do Direito Penal, assumindo verdadeira instrumentalidade ao mesmo tempo recíproca e complexa. Essa relação mútua condiciona as ciências criminais a encontrar um equilíbrio e estimular adaptação e redução de complexidade. Essa implementação teria o potencial de apresentar os mesmos resultados alcançados com a implementação da audiência de custódia ao simplificar os procedimentos, readequar-nos à modelagem institucional do nosso modelo de autoridade e otimizar tanto a prestação jurisdicional quanto a atividade policial.

A audiência de custódia surge como um bálsamo para o problema do direito de apresentação, mas nos parece que, para que seja completamente cumprido seu papel, é necessário rever completamente o procedimento de flagrante delito que conduzimos no Brasil. Acreditamos ter sido demonstrado que há espaço para discutir de forma séria a respeito dos arranjos institucionais que surgem em torno do procedimento flagrancial, profundamente marcado por reformas institucionais incompletas e que se apresenta em antinomia com a modelagem do direito de apresentação comprometida pela nação brasileira perante seu povo e a comunidade internacional. É necessário repensar a justiça criminal com olhar analítico se algum dia quisermos normalizar a atuação jurisdicional no que tange ao flagrante delito, garantindo concretamente o respeito aos direitos humanos com os quais a República brasileira afirmou se fundar em sua carta política.

REFERÊNCIAS

ANDRADE, Mauro Fonseca. *Juiz das garantias*. 3. ed. Curitiba: Juruá, 2020.

ANDRADE, Mauro Fonseca; ALFLEN, Pablo Rodrigo. *Audiência de custódia no processo penal brasileiro*. 3. ed. Porto Alegre: Livraria do Advogado Editora, 2018.

ANDRADE, Vera Regina Pereira de. Minimalismos, abolucionismos e eficienticismo: a crise do sistema penal entre a deslegitimação e a expansão. *Seqüência: Estudos Jurídicos e Políticos*, p. 163-182, 2006.

ARENDT, Hannah. *Origens do totalitarismo*. São Paulo: Companhia das Letras, 2012.

ARISTÓTELES. *Política*. São Paulo: Martin Claret, 2017.

ARLOTA, Alexandre. A globalização e o direito cosmopolita. *Cosmopolitan Law Journal / Revista de Direito Cosmopolita*, v. 2, 2014.

ARMENTA DEU, Teresa. *Sistemas procesales penales:* la justicia penal en Europa y América. Madrid: Marcial Pons, 2012.

ARQUIVO NACIONAL TORRE DO TOMBO. *Intendência Geral da Polícia*. Disponível em: http://antt.dglab.gov.pt/exposicoes-virtuais-2/intendencia-geral-da-policia. Acesso em: 17 jan. 2020.

BARBOSA, Ruchester Marreiros. A função judicial do Delegado de Polícia na decisão cautelar do flagrante delito. *Revista de Direito de Polícia Judiciária*, Ano 1, n. 2, p. 157-195, 2017.

BIAGI, Cláudia Perotto. *A garantia do conteúdo essencial dos direitos fundamentais na jurisprudência constitucional brasileira*. Porto Alegre: Sergio Antonio Fabris Editor, 2005.

BRAGA, Leonardo Carvalho. O debate cosmopolitismo × comunitarismo sobre direitos humanos e a esquizofrenia das relações internacionais. *Contexto Internacional*, v. 30, n. 1, p. 141-169, 2008.

BRASIL. Supremo Tribunal Federal. *Ação Direta de Inconstitucionalidade 1480/DF*. Acórdão. Tribunal pleno. Ementa: convenção nº 158/oit – proteção do trabalhador contra a despedida arbitrária ou sem justa causa – arguição de ilegitimidade constitucional dos atos que incorporaram essa convenção internacional ao direito positivo interno do brasil (decreto legislativo nº 68/92 e decreto nº 1.855/96) – possibilidade de controle abstrato de constitucionalidade de tratados ou convenções internacionais em face da constituição da república [...]. Relator: Min. Celso de Mello. Data de Julgamento: 26/06/1997. Data de Publicação: DJ 08/08/2001.

BRASIL. Supremo Tribunal Federal. *Recurso Extraordinário 466.343/SP*. Prisão Civil. Depósito. Depositário infiel. Alienação fiduciária. Decretação da medida coercitiva. Inadmissibilidade absoluta. Insubsistência da previsão constitucional e das normas subalternas. Interpretação do art. 5º, inc. LXVII e §§1º, 2º e 3º, da CF, à luz do art. 7º, §7, da Convenção Americana de Direitos Humanos (Pacto de San José da Costa Rica). Recurso improvido. Julgamento conjunto do RE nº 349.703 e dos HCs nº 87.585 e nº 92.566. É ilícita a prisão civil de depositário infiel, qualquer que seja a modalidade do depósito. Recorrente: Vera Lúcia B. de Albuquerque e Outros(as). Recorrido: Banco Bradesco S/A. Relator: Min. Cezar Peluso, 3 de dezembro de 2008. Disponível em: http://redir.stf.jus.br/paginadorpub/paginador.jsp?docTP=AC&docID=595444. Acesso em: 20 mar. 2020.

BURKE, Edmund. *Reflexões sobre a revolução na França*. Rio de Janeiro: Topbooks, 2015.

CANADÁ. *Criminal Code*. c. C 46. Revised Statutes of Canada. An Act respecting the Criminal Law (1985). Disponível em: https://laws-lois.justice.gc.ca/eng/acts/c-46/. Acesso em: 20 set. 2020.

CANÇADO TRINDADE, Antônio Augusto. A interação entre o direito internacional e o direito interno na proteção dos direitos humanos. *Arquivos do Ministério da Justiça*, v. 46, n. 182, 1993.

CANOTILHO, Joaquim José Gomes. *Estado de direito*. 1999. Disponível em: https://www.academia.edu/4993701/Joaquim_Jos%C3%A9_Gomes_Canotilho_-_Estado_de_Direito. Acesso em 19 fev. 2020, p. 9-12.

CAPEZ, Fernando. *Curso de processo penal*. 19. ed. São Paulo: Saraiva, 2012.

CARVALHO, José Murilo de. *Dom Pedro II*. São Paulo: Companhia das Letras, 2007.

CARVALHO FILHO, José dos Santos. *Manual de Direito Administrativo*. 24. ed. Rio de Janeiro: Lumen Juris, 2011.

CHAFEE, Zechariah. Do Judges Make or Discover Law? *Proceedings of the American Philosophical Society*, v. 91, n. 5, p. 405-420, 1947.

CLÍNICA INTERNACIONAL DE DIREITOS HUMANOS. *Brazil's Custody Hearings. Project in Context:* the right to prompt in-person judicial review of arrest across OAS member states. Boston: Harvard Law School, 2015.

COMPARATO, Fábio Konder. *A afirmação histórica dos direitos humanos*. 7. ed. São Paulo: Saraiva, 2010.

CONSELHO NACIONAL DE JUSTIÇA. *Relatório 'A expansão das audiências de custódia no ano de 2017'*. CNJ: Brasília, 2018. Disponível em: https://www.cnj.jus.br/wp-content/uploads/conteudo/arquivo/2018/09/2178b9a11524106a0d04ea673839242a.pdf. Acesso em: 27 set. 2020.

CONSELHO NACIONAL DE JUSTIÇA. *Estatísticas sobre Audiências de custódia nacional*. CNJ (*on-line*). Disponível em: https://paineisanalytics.cnj.jus.br/single/?appid=be50c488-e480-40ef-af6a-46a7a89074bd&sheet=ed897a66-bae0-4183-bf52-571e7de97ac1&lang=pt-BR&opt=currsel. Acesso em: 27 set. 2020.

REFERÊNCIAS | 127

CORDEIRO, Néfi; COUTINHO, Nilton Carlos de Almeida. A audiência de custódia e seu papel como instrumento constitucional de concretização de direitos. *Revista de Estudos Constitucionais, Hermenêutica e Teoria do Direito*, v. 10, n. 1, p. 76-88, 2018.

CORREIA, Marcus Orione Gonçalves. *Teoria geral do processo*. 5. ed. São Paulo: Saraiva, 2009.

CORTE INTERAMERICANA DE DIREITOS HUMANOS. *Dayra María Levoyer Jiménez vs. Ecuador, Case 11.992, Report No. 66/01*. 79 (2001) OEA/Ser./L/V/II.114 Doc. 5. 112ª Sessão Regular, 14 de junho de 2001. Disponível em: https://www.hr-dp.org/files/2013/09/14/2001.06_.14_Levoyer_Jimenez_v_Ecuador_.pdf. Acesso em: 20 mar. 2020.

CORTE INTERAMERICANA DE DIREITOS HUMANOS. *Caso Acosta Calderón v. Ecuador. Série C, nº 129*. Julgamento. Mérito, reparação e custas. 24 de junho de 2005. Disponível em: https://www.corteidh.or.cr/docs/casos/articulos/seriec_129_ing.pdf. Acesso em: 20 mar. 2020.

CORTE INTERAMERICANA DE DIREITOS HUMANOS. *Juan Humberto Sánchez vs. Honduras, Série C, nº 99*. Julgamento. Exceção Preliminar, Mérito, Reparações e Custas. 7 de junho de 2003. Disponível em: https://www.corteidh.or.cr/docs/casos/articulos/seriec_99_ing.pdf. Acesso em: 20 mar. 2020.

CORTE INTERAMERICANA DE DIREITOS HUMANOS. *Maria da Penha vs. Brasil. Caso 12.051, Relatório Anual nº 54/01*. OEA/Ser.L/V/II.111 Doc. 20 rev. at 704 (2000). 16 de abril de 2001. Disponível em: https://www.cidh.oas.org/annualrep/2000port/12051.htm. Acesso em: 20 mar. 2020.

COUNCIL OF EUROPE/EUROPEAN COURT OF HUMAN RIGHTS. INTER-AMERICAN COURT OF HUMAN RIGHTS. *Dialogue Across the Atlantic:* Selected Case-Law of the European and Inter-American Human Rights Courts. Holanda: Wolf Legal Publishers, 2015.

COUTO, Felipe Macedo; ROCHA, Renato Gomes de Araújo. Uma análise de John Rawls e o cosmopolitismo a partir da obra de Immanuel Kant. *Direito & Justiça*, Porto Alegre, v. 39, n. 1, p. 5-15, jan./jun. 2013.

CUNHA, Luciana Gros; BUENO; Rodrigo de Losso da Silveira; OLIVEIRA, Fabiana Luci de; RAMOS, Luciana de Oliveira; GARCIA, João Marcos Bastos Vilar. *Relatório com os dados da pesquisa Índice de Confiança na Justiça (ICJBrasil) referente ao 2º trimestre de 2011*. São Paulo: Fundação Getúlio Vargas, 2011. Disponível em: https://hdl.handle.net/10438/8739. Acesso em: 20 mar. 2020.

DAMAŠKA, Mirjan. Structures of authority and comparative criminal procedure. *The Yale Law Journal*, v. 84, n. 3, p. 480-544, 1975.

DIAS, Licínia Rossi Correia. *Direito BHJ I*. 1. ed. São Paulo: Saraiva, 2012.

DIAS, Reinaldo. *Políticas públicas:* princípios, propósitos e processos. São Paulo: Atlas, 2012.

DIDIER JR., Fredie. *Curso de direito processual civil:* introdução ao direito processual civil, parte geral e processo de conhecimento. 19. ed. Salvador: Ed. JusPodivm, 2017.

DRAHOS, Peer; BRAITHWAITE, John. *Information Feudalism*: Who Owns the Knowledge Economy? New York: The New Press, 2002.

EUROPEAN COURT OF HUMAN RIGHTS. *Guide on Article 5 of the European Convention on Human Rights:* Right to liberty and security. França, 2020. Disponível em: https://echr.coe.int/Documents/Guide_Art_5_ENG.pdf. Acesso em: 22 mar. 2020.

EUROPEAN COURT OF HUMAN RIGHTS. Court (Chamber). Julgamento de Mérito. *SCHIESSER vs. SWITZERLAND. Application n. 7710/76.* ECLI:CE:ECHR:1979:1204JUD 000771076. 4 de dezembro de 1979. Disponível em: http://hudoc.echr.coe.int/eng?i=001-57573. Acesso em: 20 fev. 2020

FARISS, Christopher J. Yes, Human Rights Practices Are Improving Over Time. *American Political Science Review,* v. 113, n. 3, p. 868-881, 2019.

FERNANDES, Fernando. *O Processo Penal como Instrumento de Política Criminal.* São Paulo: Almedina, 2001.

FERREIRA, Jorge; DELGADO, Lucilia de Almeida Neves. *O Brasil Republicano.* Rio de Janeiro: Civilização Brasileira, 2003, 1 v, p. 55.

FIGUEIREDO, Lúcia Valle. Estado de Direito e devido processo legal. *Revista de Direito Administrativo,* v. 209, n. 0, p. 7-18, 1997.

FRIEDRICH, Tatyana Scheila. Identidade Moderna: perspectivas do comunitarismo. *Revista da Faculdade de Direito UFPR,* v. 43, n. 0, 2005. Disponível em: https://revistas.ufpr.br/direito/article/view/7057. Acesso em: 28 maio 2020.

GAGLIARDO, Vinicius Cranek. A intendência de polícia e a civilização do Rio de Janeiro oitocentista. *URBANA: Revista Eletrônica do Centro Interdisciplinar de Estudos sobre a Cidade,* v. 6, n. 1, p. 376-401, 2014.

GANDRA, Ives da Silva Martins; MENDES, Gilmar Ferreira; NASCIMENTO, Carlos Valder do. *Tratado de direito constitucional,* v. 1. 2. ed. São Paulo: Saraiva, 2012.

GIACOMOLLI, Nereu José. Algumas marcas inquisitoriais do Código de Processo Penal brasileiro e a resistência às reformas. *Revista Brasileira de Direito Processual Penal,* v. 1, n. 1, 2015. Disponível em: http://www.ibraspp.com.br/revista/index.php/RBDPP/article/view/8. Acesso em: 22 fev. 2020.

GOMES, Laurentino. *1808*: como uma rainha louca, um príncipe medroso e uma corte corrupta enganaram Napoleão e mudaram a história de Portugal e do Brasil. São Paulo: Editora Planeta do Brasil, 2007.

GÓMEZ COLOMER, Juan-Luis (Org.). *Temas dogmáticos y probatórios de relevancia en el proceso penal del siglo XXI.* Buenos Aires: Rubinzal Culzoni Editores, 2010.

GRECO FILHO, Vicente. *Manual de processo penal.* 9. ed. rev. e atual. São Paulo: Saraiva, 2012.

GRINOVER, Ada Pellegrini. A iniciativa instrutória do juiz no processo penal acusatório. *Revista Brasileira de Ciências Criminais,* v. 27, p. 71-79, 1999.

GUIMARÃES, Feliciano de Sá. O debate entre comunitaristas e cosmopolitas e as teorias de Relações Internacionais: Rawls como uma via média. *Contexto Internacional,* v. 30, n. 3, p. 571-614, 2008.

REFERÊNCIAS

HIMMELFARB, Gertrude. *Os caminhos para a modernidade*: os iluminismos britânico, francês e americano. São Paulo: É Realizações, 2011.

HOBBES, Thomas. *Leviatã*. São Paulo: Abril Cultural, 1979.

HUMAN RIGHTS WATCH. *World report 2016: events of 2015. On-line*, 2016. Disponível em: https://www.hrw.org/sites/default/files/world_report_download/wr2016_web.pdf. Acesso em: 10 out. 2020.

IENNACO, Rodrigo. *Reforma do CPP:* cautelares, prisão e liberdade provisória. Biblioteca Digital do Tribunal de Justiça de Minas Gerais, 2012. *On-line*. Disponível em: https:// bd.tjmg.jus.br/jspui/handle/tjmg/8482. Acesso em: 16 mai. 2020.

INTERNATIONAL CRIMINAL COURT. *Pre-Trial stage*. Disponível em: https://www. icc-cpi.int/Pages/Pre-Trial.aspx. Acesso em: 3 mai. 2020.

JÚNIOR, Azor Lopes da Silva. Segurança pública, estrutura e relações institucionais: um "exercício arqueológico" em busca das origens da dicotomia policial. *Homens do Mato – Revista Científica de Pesquisa em Segurança Pública*, v. 17, n. 3, 2017. Disponível em: http://revistacientifica.pm.mt.gov.br/ojs/index.php/semanal/article/view/375. Acesso em: 13 set. 2020.

LANGER, Máximo. Dos transplantes jurídicos às traduções jurídicas: a globalização do *plea bargaining* e a tese da americanização do processo penal. *Delictae: Revista de Estudos Interdisciplinares sobre o Delito*, v. 2, n. 3, p. 19-19, 2017.

LAZZARINI, Álvaro. *Estudos de Direito Administrativo*. 2. ed. São Paulo: Revista dos Tribunais, 1999.

LIMA, Renato Brasileiro de. *Legislação criminal especial comentada:* volume único. 6 ed. Salvador: JusPodivm, 2018a.

LIMA, Renato Brasileiro de. *Manual de processo penal:* volume único. 6. ed. Salvador: JusPodivm, 2018b.

LOCKE, John. *Dois tratados sobre o governo civil*. São Paulo: Abril Cultural, 1973.

LOPES JUNIOR, Aury. *Direito processual penal*. 10. ed. São Paulo: Saraiva, 2013.

LOUSADA, Maria Alexandre. A cidade vigiada: a polícia e a cidade de Lisboa no início do século XIX. *Cadernos de Geografia*, n. 17, p. 227-232, 1998.

LYNCH, Christian Edward Cyril. O discurso político monarquiano e a recepção do conceito de poder moderador no Brasil (1822-1824). *Dados*. Rio de Janeiro: v. 48, n. 3, set. 2005.

MACHIAVELLI, Niccolo. *O Príncipe*. Rio de Janeiro: Ediouro, 1998.

MAGNOLI, Demétrio. *História das guerras*. 3. ed. São Paulo: Contexto, 2006.

MÁSERA, Marcos Alexandre. Kant, Hegel e o problema da paz. *Revista Opinião Filosófica*, v. 2, n. 2, 2011.

MAZZA, Alexandre. *Manual de Direito Administrativo*. 3. ed. São Paulo: Saraiva, 2013.

MENDES, Regina Lúcia Teixeira. A Invenção do Inquérito Policial brasileiro em uma perspectiva histórica comparada. *Revista SJRJ*, n. 22 – Direito Penal e Processual Penal. Rio Grande do Sul, 2002, p. 147-169.

MINISTÉRIO DA JUSTIÇA (Brasil). *Levantamento Nacional de informações penitenciárias INFOPEN* – junho de 2014. Brasília, 2014.

MINISTÉRIO PÚBLICO FEDERAL. PROCURADORIA GERAL DA REPÚBLICA. *Ofício nº 4/2020/PGR. Estruturação e implementação do juiz das garantias e do julgamento colegiado de 1º grau.* Brasília, 9 de janeiro de 2020. Disponível em: http://www.mpf.mp.br/pgr/documentos/CNJ_JuizGarantias.pdf. Acesso em: 26 set. 2020.

MIRANDA, Jorge. A incorporação ao direito interno de instrumentos jurídicos de Direito Internacional Humanitário e Direito Internacional dos Direitos Humanos. *Revista CEJ*, v. 4, n. 11, p. 23-26, mai.-ago. 2000.

MORRICE, David. The Liberal-Communitarian Debate in Contemporary Political Philosophy and Its Significance for International Relations. *Review of International Studies*, v. 26, n. 2, p. 233-251, 2000.

MUCCIO, Hidejalma. *Curso de Processo Penal.* 2. ed. Rio de Janeiro: Forense, 2011.

NAHRA, Cinara Maria Leite. O Imperativo Categórico e o Princípio da Coexistência das Liberdades. *Princípios: Revista de Filosofia (UFRN)*, v. 2, n. 3, p. 13-31, 1995.

NUCCI, Guilherme de Souza. *Código de Processo Penal Comentado.* 11. ed. São Paulo: Revista dos Tribunais, 2012.

OLIVEIRA, Ariana Bazzano de. Intervenções humanitárias: a tensão entre os direitos humanos e a soberania. *Carta Internacional*, v. 4, n. 2, p. 117-121, 2009.

ORGANIZAÇÃO DAS NAÇÕES UNIDAS. Comitê Internacional de Direitos Humanos da ONU. *Communication 963/2001. Uebergang vs. Australia.* 22 de mar. 2001, 73ª Sessão.

ORGANIZAÇÃO DAS NAÇÕES UNIDAS. Comitê Internacional de Direitos Humanos da ONU. *Communication N. 458/1991. Womah Mukong vs. Cameroon.* UN doc. CCPR/C/51/D/458/1991 [1994]. 51ª sessão, 21 jul. 1994. Disponível em: https://juris.ohchr.org/Search/Details/321. Acesso em: 10 mar. 2020.

ORGANIZAÇÃO DAS NAÇÕES UNIDAS. Comitê Internacional de Direitos Humanos da ONU. *Comunicação No. 521/1992, V. Kulomin vs. Hungary*, UN doc CCPR/C/50/D/521/1992. 56ª sessão, 22 mar. 1996. Disponível em: http://hrlibrary.umn.edu/undocs/html/VWS52156.htm. Acesso em: 10 mar. 2020.

ORGANIZAÇÃO DAS NAÇÕES UNIDAS. Comitê Internacional de Direitos Humanos da ONU. *Comunicação N. 248/1987, G. Campbell vs. Jamaica.* UN Doc CCPR/C/44/D/248/1987. 44ª sessão, 30 de março de 1992. Disponível em: http://hrlibrary.umn.edu/undocs/session64/view618.htm. Acesso em: 10 mar. 2020.

ORGANIZAÇÃO DAS NAÇÕES UNIDAS. *Pacto Internacional sobre Direitos Civis e Políticos.* Adotado pela XXI Assembleia Geral da ONU, Nova Iorque, Estados Unidos da América, 16 de dezembro de 1966. Disponível em: https://www.ohchr.org/en/professionalinterest/pages/ccpr.aspx. Acesso em: 23 fev. 2020.

ORGANIZAÇÃO DAS NAÇÕES UNIDAS. United Nations Human Rights – Office of the High Comissioner. *International Covenant on Civil and Political Rights – General Comment N. 35 – Article 9: Liberty and Security of Person.* CCPR/C/GC/35. 16 de dezembro de 2014. Disponível em: https://www.ohchr.org/EN/HRBodies/CCPR/Pages/GC35-Article9LibertyandSecurityofperson.aspx. Acesso em: 23 fev. 2020.

ORGANIZAÇÃO DOS ESTADOS AMERICANOS (OEA). *Estados Membros. On-line.* Disponível em: https://www.oas.org/pt/sobre/estados_membros.asp. Acesso em: 20 jan. 2020.

ORGANIZAÇÃO DOS ESTADOS AMERICANOS. COMISSÃO INTERAMERICANA DE DIREITOS HUMANOS. *Informe sobre el uso de la prisión preventiva.* OEA/Ser.L/V/II. Doc. 46/13. 30 de dez. 2013. Disponível em: http://www.oas.org/es/cidh/ppl/informes/pdfs/Informe-PP-2013-es.pdf. Acesso em: 2 fev. 2020.

PAIVA, Caio. *Audiência de custódia e o processo penal brasileiro.* 1. ed. Florianópolis: Empório do Direito, 2015.

PANAMÁ. *CODIGO JUDICIAL. PROCESO PENAL.* Lei nº 63 de 28 de agosto de 2008. Disponível em: http://www.oas.org/juridico/spanish/mesicic3_pan_cod_judicial.pdf. Acesso em: 12 out. 2020.

PIOVESAN, Flávia. *Temas de direitos humanos.* 5. ed. São Paulo: Saraiva, 2012.

RAMOS, André de Carvalho. *Processo internacional de direitos humanos.* 2. ed. São Paulo: Saraiva, 2012.

RAMOS, André de Carvalho. *Teoria geral dos direitos humanos na ordem internacional.* 2. ed. São Paulo: Saraiva, 2012.

REINHART, Helen Katherine. *A political history of the Brazilian regency, 1831-1840.* 1960. Dissertação. (Doutorado em História). University of Illinois, Illinois, 1960. p. 145-146.

REINO UNIDO. *Police and Criminal Evidence Act.* Londres: Parlamento inglês, 1984. Disponível em: https://www.legislation.gov.uk/ukpga/1984/60/contents. Acesso em: 22 out. 2020.

REIS, Claudio de Britto. *O Marquês de Pombal.* Rio de Janeiro: Altiva Gráfica, 1982, p. 81.

RODYCZ, Wilson Carlos. O Juiz de Paz Imperial: uma experiência de magistratura leiga e eletiva no Brasil. *Revista Justiça e História*, v. 3, n. 5, 2003.

SAINT CHRISTOPHER AND NEVIS. *St Christopher and Nevis Chapter 4.06. Criminal Procedure Act.* Disponível em: http://www.oas.org/juridico/PDFs/mesicic4_kna_crim_proc_act.pdf. Acesso em: 20 set. 2020.

SANTA CATARINA. TRIBUNAL DE JUSTIÇA. (Segunda Câmara Criminal). *Acórdão 1998.013359-9 – SC. APR 122599TJ-SC-APR:133599 SC de São Francisco do Sul.* Abuso De Autoridade – Lei nº 4.898/65 – "Prisão pra Averiguações" – Ausência De Ordem De Prisão Ou De Flagrante Delito – Atentado À Liberdade De Locomoção Configurado. Agentes Que Agridem Presos Para Obter Confissões – Lesões Comprovadas Pericialmente – Palavras Firmes E Coerentes Das Vítimas – Declarações Inverídicas Dos Réus - Violação Da Integridade Física Configurada – Condenação Mantida. [...]. Relator: Nilton Macedo Machado. 9 de março de 1999.

SCHNAKENBERG, Keith E.; FARISS, Christopher J. Dynamic Patterns of Human Rights Practices. *Political Science Research and Methods,* v. 2, n. 1, p. 1-31, 2014.

SECCHI, Leonardo. *Políticas públicas:* conceitos, esquemas e análises, casos práticos. 2. ed. São Paulo: Cengage Learning, 2013.

SILVA JÚNIOR, Azor Lopes da, Segurança pública. estrutura e relações institucionais: um "exercício arqueológico" em busca das origens da dicotomia policial. *Homens do Mato – Revista Científica de Pesquisa em Segurança Pública,* v. 17, n. 3, 2017.

SILVA JÚNIOR, Walter Nunes da. *Curso de direito processual penal:* teoria (constitucional) do processo penal. Rio de Janeiro: Renovar, 2008.

SILVEIRA, Vladimir Oliveira; FARIAS, Cyntia Mirella da Costa. *O Liberalismo Norte-Americano e o Surgimento do Direito à Busca da Felicidade.* In: DEL OMO, Florisbal de Souza; GUIMARÃES, Antonio Marcio da Cunha; CARDIN, Valéria Silva Galdino. (Org.). Direito Internacional dos Direitos Humanos. 1. ed. FUNJAB, 2013, v. XXII, p. 385-400.

SUXBERGER, Antonio. A funcionalização como tendência evolutiva do Direito Internacional e sua contribuição ao regime legal do banco de dados de identificação de perfil genético no Brasil. *Revista de Direito Internacional,* v. 12, n. 2, p. 649-665, 2015.

THE IMPACT Of Penal Populism On Policy Change Criminology Essay. *UKEssays.* 2018. Disponível em: https://www.ukessays.com/essays/criminology/the-impact-of-penal-populism-on-policy-change-criminology-essay.php?vref=1. Acesso em: 1 nov. 2020.

UNIÃO EUROPEIA. *A UE em poucas palavras.* Disponível em: https://europa.eu/european-union/about-eu/eu-in-brief_pt#da-uni%C3%A3o-econ%C3%B3mica-%C3%A0-uni%C3%A3o-pol%C3%ADtica. Acesso em: 22 mar. 2020.

UNIVERSITY OF OXFORD. Human Rights Protection Scores. *Our World In Data (on-line).* Disponível em: https://ourworldindata.org/grapher/human-rights-scores?tab=table. Acesso em: 13 set. 2020.

URUGUAI. *Ley nº 19293 de 2017. Código del Proceso Penal.* Montevideo, 2017. Disponível em: https://www.impo.com.uy/bases/codigo-proceso-penal-2017/19293-2014. Acesso em: 12 out. 2020.

VARELLA, Marcelo D. *Direito internacional público.* 4. ed. São Paulo: Saraiva, 2012.

VARELLA, Marcelo Dias. *Internacionalização do Direito:* Direito Internacional, Globalização e Complexidade. Brasília: UniCEUB, 2013. Disponível em: https://papers.ssrn.com/abstract=2263949. Acesso em: 19 abr. 2020.

VIEIRA, Carolina Luíza Sarkis. A consolidação do eficientismo no discurso jurídico-penal contemporâneo: o exemplo da Convenção de Viena. *Revista Jurídica da Presidência*, v. 8, n. 78, p. 29-35, 2006.

VIEIRA, Hermes; SILVA, Oswaldo. *História da polícia civil de São Paulo*. São Paulo: Companhia Editora Nacional, 1955.

WALMSLEY, Roy. *Word Prison Breaf:* World Pre-trial/Remand Imprisonment List. 4. ed. Londres: International Centre for Prison Studies, 2020. Disponível em: https://www.prisonstudies.org/sites/default/files/resources/downloads/world_pre-trial_list_4th_edn_final.pdf. Acesso em: 20 mai. 2020.

Esta obra foi composta em fonte Palatino Linotype, corpo 10
e impressa em papel Pólen Bold 70g (miolo) e Supremo 250g (capa)
pela Gráfica Formato.